音楽はどこへ消えたか?

2019改正著作権法で見えた JASRACと音楽教室問題

米国弁護士 城所岩生

みらいパブリッシング

本書は、ポエムピース刊『JASRACと著作権、これでいいのか』をベースに大幅な加筆を行い、改訂したものです。（編集部）

はじめに

2019年1月改正法施行
JASRACと日本の著作権法、本当にこれでいいのか？

　2017年2月、JASRAC（日本音楽著作権協会）は、2018年1月より音楽教室から使用料を徴収すると発表しました。この発表により、音楽教室は今までとやっている内容は何一つ変わらないのに、いきなり使用料を納めなくてはならない可能性が出てきたのです。

　音楽教室は、使用料支払い事務作業量の増加や使用料の支払いのため、生徒に授業料の値上げを迫ることでしょう。値上げにより、生徒が減り、閉室してしまう教室も出てくるかもしれません。

　子どもにピアノや楽器を習わせたいと考えている人たちも、値上げの話を聞いて二の足を踏んでしまう可能性があります。

　海外に比べて厳しいといわれている、日本の著作権法。その厳しい著作権法が、遠隔教育の普及や医療の現場で最善の治療を受けることを阻んでいることはあまり知られていません。

　裁判所もその厳しい著作権法をさらに厳格に解釈する傾向があります。その結果、検索サービスや論文剽窃検出サービスなど、新規イノベーションの芽を摘み、それが日本のＩＴ産業が海外に後れを取っている一因ともいわれています。

　本書の主役であるJASRACも、厳しい日本の著作権法を厳格に解釈する裁判所のおかげで、これまで著作権法関連の裁判では負け知らずでした。しかし今回、将来の音楽文化を担う子どもの

音楽教室からの使用料徴収に踏み込んだことで、音楽教育を守る会から訴えられました。

そんな裁判の行方を見守る中、今度は2018年5月に著作権法が改正され、2019年1月より施行されることが決まりました。改正法には音楽教室とJASRACの訴訟の行方にも影響を及ぼすような条文も含まれています。

私が客員教授をつとめる国際大学グローバルコミュニケーションセンター（GLOCOM）では、2018年8月に改正著作権法についてのシンポジウムを開催したところ、募集開始後すぐに満席となり、YouTubeでの動画配信もかつてないアクセス数を記録するなど、改正法に対する関心の高さをうかがわせました。

本書、第7章で解説しているとおり、今回の改正は、イノベーションを促進するため、将来新たな著作物の利用方法が生まれた場合にも柔軟に対応できるように規定を整備しました。しかし、より柔軟な規定をバックに新しいサービスで先行できる米国勢に、日本市場まで制圧されてしまう悪循環を断ち切れる保証はありません。

私は現在、学者の一人として日本の著作権法改革を進めるため、日々活動をしていますが、著作権に対するこうした動きや、世間での認知を鑑みた結果、本書の出版を思い立ちました。

本書では、この問題も含め日本の著作権法運用の現状をより多

はじめに

くの方に知ってもらうため 57 のトピックを集め、Q＆A形式で回答・解説しています。

　堅苦しい解説抜きで、著作権法の現状をざっと知りたいという方は、各問いの「Q」「A」「Point」だけ読んでいただいても構いませんし、より詳しく知りたい方は「解説」までご覧ください。

　今やインターネットが普及して、誰もが著作物の創作者（クリエイター）や利用者（ユーザー）になることができます。その際、著作権法について知らなければ、ちょっとした過ちがキッカケで、懲役や罰金など重い刑罰を受けてしまう可能性があります。

　この本を通じて、一人でも多くの方に日本の著作権法の現状を知ってもらえたら、こんなに嬉しいことはありません。そしてその中から、現状を改善するため、日本の未来を発展させるため、人々を幸福に導く著作権改革を訴える人が増えてくれることを深く望みます。

※この本では私の2冊の著書、『著作権法がソーシャルメディアを殺す』（PHP 新書、2013 年）、『フェアユースは経済を救う― デジタル覇権戦争に負けない著作権法』（インプレス R&D、2016 年）と重複する説明もありますが、Q＆A方式を採用するなどなるべくわかりやすく説明しなおしました。

※為替レートはその当時の為替レートで換算しました。

音楽はどこへ消えたか？　目次

はじめに
2019年1月改正法施行
JASRACと日本の著作権法、本当にこれでいいのか？……3

第1章 厳しすぎる？　日本の著作権法

Q.1 著作権って何？　なぜ今注目されている？……14

Q.2 日本の著作権法は諸外国に比べても厳しいって本当？……16

Q.3 裁判所も著作権法を厳格に解釈するって本当？……20

第2章 最近マスコミを賑わしているJASRACって何者？

Q.4 JASRACは何をしているところ？……24

Q.5 葬儀で故人の好きだった曲を流すのも使用料を払わなければいけない？……27

Q.6 歌詞を引用した式辞をホームページで公開すると使用料が発生する？……29

Q.7 ツイッターで歌詞をつぶやいただけでお金を取られちゃう？……33

- **Q.8** JASRACは使用料を取るだけ取って著作権者に払わないって本当?……36

- **Q.9** 洋画の音楽使用料の改定に、様々な立場の人が意見しているって本当?……39

- **Q.10** JASRACは著作権管理業務を独占している? その弊害は?……42

第3章 音楽教室にまで手が伸びた JASRACの使用料徴収

- **Q.11** なぜ音楽教室からも使用料を徴収しようとしている?……46

- **Q.12** ツイッターで60万人が批判し、著名なミュージシャンも反対しているって本当?……49

- **Q.13** JASRACの使用料徴収方針に対して57万人が反対署名に応じ、国会でも質問されたって本当?……52

- **Q.14** 「音楽教育を守る会」は何を主張している? JASRACの反論は?……56

- **Q.15** なぜJASRACは「裁判で100％勝てる自信がある」と 言い切れる?……62

- **Q.16** 著作権法の目的「文化の発展に寄与する」を第三者はどう解釈している?……66

第4章 何が違う？　日本と海外の著作権法

Q.17 日本と海外では著作権ビジネスに対する考え方が違う？
……72

Q.18 日本の街から音楽が消えた！　どうして？……75

Q.19 日本で音楽文化を発展させるために不可欠なものは何？
……79

Q.20 東大合格者の60％以上が、子どもの頃に音楽教室に通っていたって本当？……82

Q.21 著作権の保護は「過ぎたるはなお及ばざるが如し」だって本当？……86

Q.22 YouTubeが世界で成功した2つの理由って何？……90

Q.23 なぜ権利者や出版社はコミケや同人誌を訴えない？……93

Q.24 TPPや共謀罪が、マンガ・アニメ・コミケ文化を崩壊させる？
……96

Q.25 パロディも日本ではまだ合法化されていない？　諸外国はどう？……99

Q.26 外国では音楽はパロディ動画で売るのが主流って本当？
……103

Q.27 欧米版同人誌作家が1年で100億円稼ぐベストセラー作家になったって本当？……106

Q.28 クールジャパン戦略にもかかわらず、日本の著作権貿易収支は赤字を拡大し続けているって本当？……108

第5章 日本のイノベーションをも邪魔する著作権法

Q.29 著作権法が殺したウィニー。「10年に一度の傑作」だったって本当？……112

Q.30 欧米版ウィニーやウィニーが採用する技術を開発した技術者たちは億万長者になったって本当？……115

Q.31 フェアユース産業がアメリカ経済を成長させたって本当？……119

Q.32 小保方事件のとき、なぜ日本の教育・研究機関は一斉に米社のサービスに走った？……123

Q.33 国会図書館よりグーグルのほうが日本の本をよく知っているって本当？……127

Q.34 医療の分野でも著作権法がネックになって最善の治療を受けられないって本当？……130

第6章 今後どうなる？　日本の著作権法

Q.35 これからの著作権法改正において欠かせないものは何？……134

Q.36 「著作権法改革により日本を元気にする会」って、何をするところ？……137

Q.37 諸外国より遅れている遠隔教育を推進するためにはどんな改革が必要？……140

- **Q.38** 自民党は現在の著作権法をどのように考えている？……144
- **Q.39** イノベーションの促進やユーザーの創造力を活用するには、どんな改革が必要？……146
- **Q.40** ユーザーの創造力をさらに活用するために日本の裁判所はどんな判決を下すべき？……149
- **Q.41** 欧米のネットユーザーの声が著作権強化法案を阻止したって本当？……154
- **Q.42** 日本のネットユーザーの声は、いつ政治家に届く？……159

第7章 どのように改正された？平成30年改正著作権法

- **Q.43** 2018年5月に著作権法が改正。なぜ改正された？……164
- **Q.44** 平成30年著作権法改正のポイントは？……167
- **Q.45** 新設された「柔軟な権利制限規定」って何？……170
- **Q.46** 小保方事件のときに日本の教育研究機関が一斉に米社のサービスに走ったような問題はなくなる？……173
- **Q.47** 国会図書館よりグーグルのほうが日本の本を知っている問題は解決する？……178
- **Q.48** 著作権法がネックとなり「最善の治療が受けられない」問題は解決する？……182
- **Q.49** 諸外国より遅れている遠隔教育の推進は改善される？……186

Q.50 改正法に自民党が提言した「イノベーションの創出」は反映された?……190

Q.51 自民党が提言した「消費者利益への配慮」は反映された?……195

Q.52 なぜ今回も不十分な改正に終わったの?……198

Q.53 TPP締結が著作権法にも影響を及ぼした?……204

第8章 改正法でどうなる? JASRAC vs 音楽教室訴訟の行方

Q.54 JASRACは訴訟継続中にもかかわらず使用料を徴収し始めたって、本当?……208

Q.55 今回の改正は、音楽教育を守る会とJASRACの訴訟に影響する?……211

Q.56 JASRACの根拠「客の歌唱を店側の歌唱とみなす」は、今後も通用する?……215

Q.57 JASRACの根拠「一人でも公衆」は、今後も通用する?……219

おわりに……222

第 1 章

厳しすぎる？
日本の著作権法

Q.1
著作権って何？なぜ今注目されている？

A.

著作権とは著作権者の利益を守る権利。現代ではすべての人が著作権に関わり侵害するおそれが高まっている！

Point.

◇ 著作権法は、著作権者の利益を守りつつ、皆が公正に著作物を利用できるようにすべきと定義している。
◇ 昔は一部の専門家のみの問題だったが、現代では老若男女全員に関わってくる重要な問題である。

第1章　厳しすぎる？　日本の著作権法

―解説―

　著作権とは、著作者に与えられる権利のこと。**著作者**とは、小説家、漫画家、作詞家、作曲家、脚本家、番組制作者、画家、彫刻家など創造的な作品を制作した人のことです。著作者が自分の考えや感情を表現するために制作した作品のことを**著作物**といいます。

　著作権は著作権法という法律にて定められており、第1条に「著作物の公正な利用に留意しつつ、著作権の保護を図り、文化の発展に寄与することを目的とする」と書かれています。これは、作品を皆が公正に利用できるようにしつつも、著作権者の利益も保護する。著作者とユーザーの両方の権利を守ることで、文化の発展を目指しましょう、ということです。

　昔はプロのモノ書きが書いた作品を出版し、皆で読む時代でしたので、著作権は作家や出版社など一部の専門家の問題でした。ところが今や、1億総クリエイター時代といわれるように、インターネットの普及によって、誰でも創作でき、誰でも簡単に作品を公表できるようになりました。また、誰もが著作物を創作する際に他人の著作権を侵害するおそれが出てきたのです。同時に自分の著作物の著作権を他人に侵害されるおそれも増しました。このように誰でも著作権侵害の加害者あるいは被害者になるおそれが出てきたため、著作権が注目されるようになったのです。

Q.2
日本の著作権法は諸外国に比べても厳しいって本当?

A.

本当! 日本の著作権法は諸外国に比べると厳しい!

Point.

◇ 英米には公正な利用であれば「許可なしでも著作物を使える」規定がある。
◇ 検索サービスの技術は日米同時に生まれたが、日本にはそうした規定がなかったため、日本市場までアメリカ勢に制覇されてしまった。

第1章　厳しすぎる？　日本の著作権法

―解説―

　Q.1のとおり、著作権法は著作物の保護と利用のバランスを図ることを目的としています。著作物の利用には著作権者の許可を要求して保護する一方、許可がなくても利用できる権利制限規定を設けて利用者に配慮しています。わが国の著作権法はこの権利制限規定において私的使用、引用など一つひとつ具体的な事例を挙げています。対して、アメリカではどの事例にも使える権利制限の一般規定としてフェアユース規定を採用しています。フェアユース規定とは、利用目的が公正（フェア）であれば、著作者の許可がなくても著作物を利用できる規定のこと。フェアな利用であるかどうかは、「利用目的」「利用される著作物の市場に与える影響（市場を奪わないか）」などの4要素を総合的に見た上で、判断します。

　イギリスや旧英領諸国に見られるフェアディーリング規定は、アメリカのフェアユース規定が目的を限定せずに4つの要素にもとづいて、公正な利用かどうかを判定するのと異なり、権利を制限する目的が、イギリスの例でいえば、「私的学習・非営利の研究」「批評、評論」「時事の報道」に限定されています。しかし、これらの目的の場合は許可なく著作物を利用できる規定です。

　フェアユース規定があるのと、ないのではどう違うのでしょうか。最も分かりやすい例が検索サービスです。検索サービスの技術は日米とも1994年に誕生しました。フェアユース規定のない日本は、一つひとつのホームページに検索サービスに掲載してもいいか、事前に許可を取る必要がありました。これをオプトイン（原則許諾）方式といいます。対して、アメリカにはフェアユース規定がありましたので、許可を取る必要はなく、検索されたくないホームページは自分たちで検索されないよう回避する技術を組み込むことで検索対象から逃れることができ

ました。これをオプトアウト（原則自由）方式といいます。この結果、アメリカの検索サービスはたくさんのホームページを検索対象にすることができ、グーグルといった世界を席巻する検索サービスを生み出すことができたのです。

日本は2009年に著作権法を改正して、検索サービスについてはオプトアウト方式を認めましたが、時すでに遅し。日本の著作権法が適用されない海外にサーバーを置き、日本にサービスを提供したアメリカ勢に日本市場まで制圧されてしまいました。

フェアユース規定は、ＩＴ企業の発展に貢献していると考えられ、今世紀に入って導入する国が急増し、現在までに導入した国は「アメリカ (1976年)」「台湾 (1992年)」「フィリピン (1997年)」「スリランカ (2003年)」「シンガポール (2004年)」「イスラエル (2007年)」「韓国 (2011年)」「マレーシア (2012年)」の８カ国に上ります。

日本にはこのようなフェアユース規定がないため、どうしても著作権法は厳しくなってしまいます。

では、なぜ日本の著作権法は海外よりも厳しくなってしまったのでしょうか？　その理由は複数ありますが、一つ挙げられるのは著作権について話し合う審議会のメンバー構成です。著作権の改正については文化審議会著作権分科会というところで話し合われています。このメンバーの半数近くが権利者団体なのです。権利者団体は自分たちの権利を主張する団体。そのため、規制を緩和することに関しては、基本的に反対です。このようなメンバー構成ではフェアユースのように一定の基準を満たせば許諾なしの利用を認める、柔軟な権利制限規定の導入には反対します。

山田奨治『日本の著作権はなぜこんなに厳しいのか』（人文書院）によると、1990年以降、2007年までの著作権法の大きな改正のうち、視聴覚障がい者、放送事業者、学校など権利団体以

外が利益を得られる法改正は2001年、2003年、2004年の3回の改正と2007年の改正の一部のみ。残る7回の改正と2007年の改正の一部は権利団体が利益を得られるようにするための改正でした。この数字だけでも、日本の著作権法は権利団体に優位に働いていることがわかります。

図表1　知財関連審議会の委員構成

	文化審議会著作権分科会（2017年4月時点）	産業構造審議会知的財産分科会（2017年10月時点）
大学教授	8人	8人
弁護士・弁理士	4人	3人
公的機関		2人
マスコミ	1人	1人
民間企業		2人
各種団体	16人	5人
合計	29人	21人

特許、商標、意匠、営業秘密などを扱う経済産業省の産業構造審議会知的財産分科会のメンバー構成と比較すると、各種団体委員の割合が知的財産分科会の4分の1（21人中5人）に対し、著作権分科会は半数以上（29人中16人）を占めていることがわかる。その16人中、全国消費者団体連絡会と日本図書館協会を除く14人は権利者団体が占めている。

Q.3 裁判所も著作権法を厳格に解釈するって本当?

A.

日本の裁判所は著作権法を守るため過去に厳しい判決を下している!

Point.

◇ 無許可で客が楽曲を歌っても、責任を問われるのはカラオケ店主。
◇ 最高裁はサービス提供者が著作権を侵害しているとみなすため、日本のインターネットの関連サービスは成長できなかった。

―解説―

　日本のＩＴ化を遅らせたのは著作権法だけではありません。ただでさえ厳しい著作権法をさらに厳しく解釈する裁判所も原因の一つです。その一例として、1988年のクラブキャッツアイ事件を紹介します。

　クラブキャッツアイ事件とは、使用料を払わずに楽曲を利用しているカラオケ店の店主をJASRACが訴え、最高裁もカラオケ店主の著作権侵害を認めた事件です。この判決のキーポイントは「演奏しているのは客か？　カラオケ店主か？」です。

　最高裁の判決の理由は、カラオケ店主は、[1] 客の歌唱を管理している、[2] 売上を上げるためにカラオケを許可した、というものです。

　カラオケ店主は客に場所を提供しているだけで、演奏をしているわけではありません。客も、「歌う＝演奏している」とみなされますが、歌うことでお金を儲けているわけではないので、著作権侵害とは言えません（著作権法第38条）。しかし客の演奏によって、カラオケ店主は結果的に売上を作ることになりますので、著作権を侵害したとみなされたのです。

　このような判決が下された背景には、当時、多くのカラオケ店主が使用料を支払わずカラオケ店を運営していたことが挙げられます。最高裁は、この事態を改善したいと考えていました。そこで、客の演奏を「カラオケ店主の演奏」とみなすことにしたのです。

　この事件後、裁判所はサービスを提供している会社や事業者にも著作権上の責任があるとみなすようになりました。これを「**カラオケ法理**」といいます。

　その一例が、2009年のまねきＴＶ・ロクラクⅡ判決です。これらはテレビ番組の録画・転送サービスをめぐる裁判で、どちら

も海外に住む日本人が日本のテレビ番組を視聴できるサービスでした。サービス提供者が親機で番組を受信・録画し（まねきTVは受信のみ）、海外のユーザーは指定した番組を子機で視聴します。このサービスに対して、NHKと民放のテレビ局は許可なしに番組を複製・公衆送信したとして、著作権侵害で会社を訴えました。

著作権は権利の束といわれるように多くの権利から成り立っています。それらは代表的な複製権の例でいえば、無断で複製されない権利であり、ネット時代に関係する公衆送信権は無断で大勢の人にコンテンツが送信されないようにするための権利です。テレビ局は複製権侵害（ロクラクⅡ）、公衆送信権侵害（まねきTV）を主張しました。

これに対して、会社側は複製するのは録画を指示するユーザーなので私的複製に当たる（ロクラクⅡ）、インターネットを通じて番組を転送するが、会社に置く親機は1対1の送信を行う機能しかないので、公衆送信権の侵害は成立しない（まねきTV）などと主張し、知財高裁はこれを認めました。しかし、最高裁はそれを覆し、会社が複製（ロクラクⅡ）や公衆送信（まねきTV）をしたとして著作権を侵害したという判決を下しました。

第 2 章

最近マスコミを賑わしているJASRACって何者？

Q.4 JASRACは何をしているところ?

A.

JASRACは著作権者と音楽ユーザーの架け橋となるところ!

Point.

◇ 音楽を使用する際は、著作権者に使用料を支払わなくてはならない。
◇ JASRACは著作権者が音楽活動に専念できるよう著作権の管理・手続きを代行している。

―解説―

　JASRACとは、一般社団法人日本音楽著作権協会のこと。
Japanese Society for Rights of Authors, Composers and Publishersの頭文字をとってJASRAC（ジャスラック）と呼ばれています。
　では、JASRACとは一体何をしているところなのでしょうか。以下、JASRACのホームページを私なりに要約しました。
　JASRACは音楽の著作物の著作権を保護し、あわせて音楽の著作物の利用の円滑を図り、もって音楽文化の普及発展に寄与することを事業目的に掲げています。
　JASRACの役割を一言でいってしまえば「著作権者と音楽ユーザーの架け橋」。国内の作詞者、作曲者、音楽出版社といった著作権者が音楽活動に専念できるよう、著作権の管理を代わりに行っています。具体的には、「音楽を利用したい！」という人々から適切な使用料を徴収し、著作権者に分配しています。
　現在、音楽はコンサート、お店でのＢＧＭ、カラオケ、映画、テレビ、ラジオ、ＣＤ、ＤＶＤ、楽譜、音楽配信、動画共有サイト、ゲームアプリなど様々なシーンにて利用されています。これらの用途にて音楽を使用する場合、基本的に、無断で使っては著作権法に違反することになります。違反を免れるには、様々な手続きを行わなくてはなりません。
　この手続きに毎回、著作権者が対応していたら、新たな音楽を創作するための時間が大幅に削られてしまいます。また音楽を使用したい側も、複数の著作権者に同様の手続きを申請するとなると大きな手間がかかってしまいます。
　この手間を省略し、ユーザーが著作権法に違反することなく簡単に利用するための手続きを行える窓口がJASRACです。
　ではJASRACはどのぐらいの曲を管理しているのでしょうか。2017年3月31日時点で「J-WID」という作品データベースで公

開しているのが、国内は約154万曲、外国は約220万曲あります。JASRACは海外の著作権協会とも提携して、海外の音楽も管理していますが、海外の団体がデータベースで公開している曲は約4000万曲に上ります（世古和博「講演会録　音楽ビジネスとJASRAC」『英米法学』2017年9月）。こうした管理曲から得られた使用料収入は2016年度で1118億円に上っています。

図表2　2017年 JASRAC関連の話題

月	事項
2月	JASRAC が2018年1月より音楽教室から使用料を徴収すると発表。
2月	音楽教室事業者は JASRACの方針に反対するため「音楽教育を守る会」を結成。
5月	4月7日の京都大学入学式の式辞で山極寿一総長が2016年にノーベル文学賞を受賞したボブ・ディランの歌詞を引用した。この式辞を大学のホームページに公開したところ JASRACが電話で照会。
5月	ミュージシャンの佐藤龍一さんが父の好きだった曲を葬儀で流そうとしたら、著作権切れの民謡だったにもかかわらず葬儀会社に断られたため、2月にツイッターで発信したところ、7000件以上のリツイートがあった。朝日新聞がこれを取り上げ、JASRAC の見解とともに紹介。
6月	音楽教育を守る会が JASRAC に対し、使用料を徴収する権利がないことを確認する訴訟を東京地裁に提起。
7月	音楽教育を守る会が使用料徴収に反対する56万人の署名を集め文化庁長官に提出（8月に約1万人分を追加提出）。
8月	ロックバンド「爆風スランプ」のドラマー、ファンキー末吉さんが JASRAC の運営が不透明であるとして、文化庁に調査と改善命令を求める上申書を提出。
11月	JASRAC が洋画に使われている音楽の使用料徴収方法の改訂を発表。現行の上映時に1本18万円の定額制から、興行収入の1～2％の歩合制にする改訂。

Q.5 葬儀で故人の好きだった曲を流すのも使用料を払わなければいけない?

A.

遺族が持ち込んだ曲でも JASRAC に使用料を払わなければならない!

Point.

◇ 2017年、ミュージシャンの佐藤龍一さんが、故人が生前好きだった曲を流そうとして葬儀会社に断られた。
◇ 遺族が曲を持ち込んでも葬儀会社の設備を使えば、音楽を流すのは葬儀会社とみなされ、JASRACに使用料を支払わなければならない。

―解説―

「父の葬儀、流せなかった思い出の曲　著作権の関係は？」（朝日新聞デジタルより）によると、ミュージシャンの佐藤龍一さんは、葬儀で父親の好きだった「江差追分(えさしおいわけ)」を流そうとしました。しかし著作権の切れた民謡であるにもかかわらず葬儀会社に断られたため、2月にツイッターで発信したところ、たちまち7000件以上リツイートされました。

葬儀会社はJASRACと契約しています。JASRACは葬儀会社の音源ではなく、遺族が持ち込む音源でも葬儀会社が用意する装置で流せば、流す主体は葬儀会社だとしています。Q.3で紹介したカラオケ法理が適用されて、[1]葬儀を管理している、[2]葬儀で利益をあげている、という理由で葬儀会社が曲を流す主体とされるわけです。

持ち込んだ曲でも葬儀会社の設備で流せば、流す主体は葬儀会社であり、葬儀会社は営利目的なので、JASRACの許諾（JASRACと契約している場合は使用料の支払い）が必要というカラオケ法理が影響しています。佐藤さんの葬儀会社も民謡が著作権切れであることを知らなかったこともありますが、こうした解釈の影響で、事なかれ主義で断ってしまいました。

Q.3のとおり、カラオケ法理はわが国のイノベーションを阻んできましたが、上記のようにわれわれの日常生活にも影を落としています。知財高裁はQ.3のとおり、まねきＴＶ・ロクラクⅡ事件でカラオケ法理を否定する判決を下しましたが、最高裁によって覆されました。このようにカラオケ法理はいまだに影響力を持っているわけですが、この状況を変えるためにも、一刻も早く見直す判決が出てほしいところです。

Q.6 歌詞を引用した式辞をホームページで公開すると使用料が発生する？

A.

京都大学総長が入学式の式辞で歌詞を引用したとき、適法な引用だったが、JASRACは京都大学に電話した！

Point.

◇ 2017年5月、京都大学の山極寿一総長が入学式の式辞でボブ・ディランの「風に吹かれて」の歌詞を引用し、大学のホームページで公開したら、JASRACから連絡が来た。

◇ JASRACが連絡したことに対して、インターネット上では批判が多く、後日、JASRACも正当な引用であると発表した。

―解説―

　2017年4月7日の京都大学入学式の式辞で、山極寿一総長が2016年にノーベル文学賞を受賞したボブ・ディランの歌詞を引用しました。この式辞を大学のホームページに公開したところJASRACから問い合わせがありました。使用料を請求したとの報道もあったため、ネット上で、JASRAC批判が噴出しましたが、JASRACは「あくまで利用状況について問い合わせだけで、具体的な請求はしていない」とコメント、京大も同様のコメントをしたことから、使用料の請求はなかったようです。

　その後、JASRACは定例記者会見で、著作権法上認められた正当な引用にあたると回答しました。

　引用については、文化庁のホームページ内の「著作権　なるほど　質問箱」というコーナーにて「歌詞の引用は、一節であっても引用が認められないと聞きましたが、本当ですか。」という質問があり、その回答内には以下のような記述があります。

☞ 適法な引用となるためには、[1]引用する資料等は既に公表されているものであること、[2]「公正な慣行」に合致すること、[3]報道、批評、研究などのための「正当な範囲内」であること、[4]引用部分とそれ以外の部分の「主従関係」が明確であること、[5]カギ括弧などにより「引用部分」が明確になっていること、[6]引用を行う必然性があること、[7]出所の明示が必要なこと（複製以外はその慣行があるとき第48条の要件を満たすことが必要です）（第32条第1項）。

　京大の件が、以上の条件に当てはまっているのか検証していきましょう。

　ボブ・ディランの歌詞は公開されているため[1]の「既に公表されたものであること」は満たします。

京大を含め各大学とも、入学式にかぎらず総長の式辞をホームページで公開していることから、式辞のホームページでの公開は、[2] の「公正な慣行」に当たります。

式辞は引用部分を「""」でくくっています。くくった部分は、式辞全体の７％にすぎません。以上から、[3] の「正当な範囲内であること」、[4] の「引用部分とそれ以外の部分の『主従関係』が明確であること」、[5] の「カギ括弧などにより『引用部分』が明確になっていること」などの要件は満たします。

[6]「引用を行う必然性があること」については、山極総長は、大学の創立以来の精神にもとづき、「京都大学は自学自習をモットーにして、常識にとらわれない、自由な学風の学問の都であり続けなければなりません」と述べています。常識にとらわれない自由な発想とは何かを説明するために、ボブ・ディランの「風に吹かれて」の歌詞を引用し、歌詞の最後の「答えは風に吹かれている」という言葉に注目します。そして、「大学には、答えのまだない問いが満ちています」とした上で、反発や嘲笑を恐れずに風に舞う答えを、勇気を出してつかみとるよう促しています。

このように自学自習をモットーにする京大の伝統にも沿った、風に舞う答えを自らつかみとる努力を促すために、ボブ・ディランの「答えは風に吹かれている」という歌詞を、その前の数行の歌詞とともに引用する必然性は十分あると思われます。

[7]「出所の明示が必要なこと」も最後に（"" は、Bob Dylan 氏の「blowin' in the wind」より引用）とことわっているので、問題ありません。

引用にかぎらず著作権法上、セーフかアウトの判定はかなり難しく、どちらに転んでもおかしくない事例も少なくありません。それらに比べると、本件は正当な引用にあたる、つまり、セーフであることがかなり明確なケースです。それだけに JASRAC はなぜそうした検討もせずに問い合わせたのかという疑問も湧

いてきます。この疑問は JASRAC に直接聞きたかった点ですが、Q.10 でお伝えするとおり、取材を断られたため解明できませんでした。

Q.7 ツイッターで歌詞をつぶやいただけでお金を取られちゃう?

A.

ある特定の曲を連想させる歌詞をツイートしたら JASRAC は使用料が発生すると主張している!

Point.

◇ 基本的に、新聞の見出しのような短いフレーズは著作物とはみなされないため、使用料は発生しない。
◇ しかし、JASRAC はある特定の曲を連想させる歌詞をツイートしたら使用料が発生すると主張している!

―解説―

　前問のとおり、引用の要件はかなり厳しいです。しかし、引用の要件を満たさなくても著作権法に違反しないケースもあります。短い歌詞の場合です。新聞の見出しが著作物とみなされなかった裁判例もあるように、誰でも思いつくような短いフレーズは著作物とみなされません。

　ところが、JASRACの見解は違います。

　私は映画「アナと雪の女王」が大ヒット中の2014年9月にプレジデント誌の「世のなか法律塾」という連載コラムから取材を受けました。「ありの〜ままの〜♪と"つぶやく"のは違法か」と題する記事だったため、実際にJASRACに確かめたところ「映画のヒット前なら『ありのままの』というフレーズは著作物ではないが、今なら前後関係から主題歌を連想させるようだと、著作物になる」との回答でした。同誌はこの回答をあくまでもJASRACの見方に過ぎないとした後、私の「JASRACの見解は行き過ぎ。表現の自由との兼ね合いもあり、おそらく実務家の多くは、侵害にあたらないと考えるのではないか」とする意見を紹介しています（プレジデントオンラインより）。

　ツイッター発祥の地、アメリカではどうでしょうか？　Q.2で紹介したとおり、アメリカの著作権法にはフェアユース規定があります。フェアユースにあたるかどうかは「利用目的」「利用される著作物の市場に与える影響（市場を奪わないか）」などの4要素を総合的に見た上で、判断します。具体例はケースバイケースなので、一概にはいえませんが、歌詞を引用した140字以内の文章で、その歌詞の市場を奪うような創作ができるとは考えにくいです。つまり、ツイッターへの歌詞つぶやきはアメリカではフェアユースが成立する可能性が高いといえます。

　しかし、日本では著作物とはみなされないような短い歌詞でも、

JASRACは使用料が発生すると主張しています。ツイッターをはじめとしたＳＮＳがこれだけ普及している時代です。短い歌詞なら使用を認めてその曲の市場が奪われるデメリットよりも、宣伝効果によって市場が拡大するメリットのほうが大きいでしょう。にもかかわらず、短い歌詞の引用からも使用料を徴収しようとするのは、時代に逆行しているのではないでしょうか？

Q.8 JASRACは使用料を取るだけ取って著作権者に払わないって本当？

A.

JASRACが適切な使用料を著作権者に支払っているかは不透明！

Point.

◇ JASRACの使用料の徴収方法には「単発契約」と「包括契約」の2通りがある。
◇ ライブハウスなど包括契約の店舗に関しては、支払った使用料が適切な著作権者に分配されていない可能性がある。

第2章　最近マスコミを賑わしている JASRAC って何者？

―解説―

　Q.4 で JASRAC は著作権者の代わりに使用料を徴収し、著作権者に分配していると説明しました。では、いったいどのような方法で使用料を徴収しているのでしょうか。

　JASRAC の使用料規定によると（JASRAC ホームページより、使用料規定については以下同じ）、使用料の徴収方法は大きく分けて2通りあります。

　一つ目の方法が「単発契約」です。これは、演奏者（または会の主催者）が演奏する曲目を事前に申請し、曲ごとに許諾を受けて使用料を支払う仕組みです。著作権者は自分が作った楽曲が使われれば使われるほど使用料を受け取ることができます。

　二つ目の方法が「包括契約」です。これは、演奏する場所を提供するライブハウスなどの店主が店の広さや席数などに応じて毎月決められた金額を支払う仕組みです。例えば、席数が 120 席あるライブハウスが月に 60 時間以上演奏する場合、毎年約7万～ 10 万円を使用料として支払わなくてはなりません。また何の曲を演奏したかを報告する義務がないため、JASRAC は包括契約をしている店舗がどのアーティストのどの曲を何回演奏しているのか正確に把握することはできません。

　では包括契約の場合、著作権者は何を基準に使用料を受け取っているのでしょうか。

　ここで使われているのが「サンプリング分配」という方法です。サンプリング分配とは、JASRAC が全国の契約店舗から無作為に選んだ 800 店での利用曲を3カ月に1回調査して、どの曲が何回利用されたか比率を調べ、それに基づき、徴収した使用料を著作権者に分配する方法です。

　この方法ではどのアーティストのどの曲が何回使われたのか、おおよそでしか把握できないため、曲を利用されたのに使用料を

受け取っていないという著作権者が出てきます。またJASRACはどの店舗を選んだのかを公表していないので、ジャズや歌謡曲など特定ジャンルの楽曲ばかり利用している店が選ばれている可能性もあります。実際に、人気バンド「爆風スランプ」のドラマーとして有名なファンキー末吉さんやシンガーソングライターの「しほり」（中根しほり）さんは『週刊東洋経済』2017年9月16日号にて、自身の曲がライブハウスなどで演奏されているはずなのに著作権料を受け取ったことは一度もないと話しています。

　末吉さんは「著作権者に適切な著作権料が分配されているかわからない包括契約の方式では使用料は支払えない」という理由で、自身が経営するライブハウスの使用料の支払いを拒否したところ、2013年、JASRACは損害賠償などを求めて東京地裁に提訴。その結果、一審・二審ともJASRAC側の請求がおおむね認められました。不服とした末吉さんは上告しましたが、最高裁も2017年7月にこれを棄却し、末吉さんは約546万円の損害賠償を支払うハメになったのです。

　裁判で主張が認められなかった末吉さんは2017年8月、「真の権利者に分配されない不透明な運用」という理由で、文化庁にJASRACの運営方法の調査と改善命令を求める上申書を提出しました。

　末吉さんが問題提起したサンプリング分配について、2017年8月27日付、東京新聞で安藤和宏東洋大学教授は「統計学でいうなら、全国で同じような曲が演奏されるという前提が必要だが、ライブハウスはそうではない。不適切なサンプリングの典型だ」と指摘しています。

　確かにサンプリング分配は使用実績にもとづいて徴収・分配する方式ではないため、権利者への支払いがどんぶり勘定になってしまう弊害が避けられません。

Q.9 洋画の音楽使用料の改定に、様々な立場の人が意見しているって本当?

A.

本当! 使用料改定には賛成でも、JASRACのやり方に反対している人は少なくない!

Point.

◇ 坂本龍一さんは「値上げには賛成だが、日本の映画事情を考慮せず、一足跳びに海外と同じようにするのはどうか」と疑問視している。

◇ 福井健策弁護士も「JASRACはもはや公的インフラであるのだから、他の権利者とのバランスなど各方面に配慮すべきだ」と述べている。

―解説―

　現在、洋画の音楽使用料は上映時に一律1本18万円の定額制です。JASRACは、これを興行収入の1〜2％の歩合制にする改定案を2017年11月に発表しました。改定理由として、現在の使用料が国際的にも著しく低く、海外の著作権者からも「もっと高くしてほしい」という声を受けていることを挙げています。

　2017年11月14日付のBuzzFeed Newsは「坂本龍一、JASRACに苦言 『襟を正して透明性の確保を』」と題する記事を掲載しています。

　数々の映画音楽を手がけてきた坂本さんは「18万円は非常に低く、とても妥当とは言えないと思います」としつつも、「すぐに海外並みに引き上げるべきだという意見ではありません」、「一足跳びに海外のスタンダードにすれば、小さな映画館はつぶされてしまうかもしれない」などとして、JASRACと映画関係者との話し合いの必要性を訴えます。

　史上最高の洋画興行収入を上げた「タイタニック」の場合、その2％は5億2400万円、第2位の「アナと雪の女王」の場合、5億1000万円ですから、現在の18万円と比べると3000倍近い大幅な値上げとなります。一気に3000倍まで引き上げられれば、坂本さんの指摘するとおり、小さな映画館はつぶされてしまうかもしれません。

　朝日新聞も次のような識者の見解を紹介しています（2017年12月6日朝刊）。「著作権に詳しい福井健策弁護士は『売り上げを反映させた使用料にするのは合理的』とみるが、『JASRACが圧倒的に巨大な権利者団体である以上、公的インフラとしての責任がある』と指摘。『徴収する際の料率は、他の権利者の取り分とのバランス、配給会社や映画館の利益率などへの配慮も必要』と話す」。

今や公的インフラだからこそ、次章で紹介するとおり、音楽教室からの使用料徴収方針に対して、100万人以上が異議を唱え、有名なミュージシャンも反対、国会でも質問されたわけです。
　JASRAC は一足跳びに海外並みに引きあげる前に、福井弁護士の指摘するような点について、もっと映画関係者と話し合う必要がありそうです。

【改訂版補足】
　2018年9月、JASRAC は洋画の音楽使用料を11月から以下のように変更することで、映画館運営会社の業界団体と合意したと発表しました（JASRAC ホームページより）。

① 2018年11月から2021年3月までに封切りとなる洋画については、封切時のスクリーン数に応じて、6区分の使用料（10スクリーンまでの15万円から500スクリーン超の30万円まで）を徴収する。
② 2021年4月以降に封切りとなる洋画については、曲数と封切り時のスクリーン数に応じた使用料の採用に向けて、協議を行う。

　とりあえず15〜20％の引き上げ（2018年9月7日付、日本経済新聞）となる、封切時のスクリーン数に応じた使用料を徴収することで、一足跳びに海外並みに引き上げることは避け、邦画並みの曲数と封切時のスクリーン数に応じた使用料徴収については、引き続き交渉することとしました。

Q.10 JASRACは著作権管理業務を独占している？その弊害は？

A.

過去に独禁法違反で訴えられた裁判で負けているが、いまだに業界の90％超のシェアをにぎっている！

Point.

◇ JASRACは、1994年に起きた事務所移転に伴う不正融資疑惑事件をきっかけに独占がもたらす弊害が指摘され、著作権管理業務に競争が導入されたが、現在でも業界シェア90％超と独占状態は変わっていない。

◇ このため独禁法で訴えられ、裁判でも負けているが、いまだに保守的な体質は変わらない。

―解説―

　JASRACは1939年の設立以来、著作権管理業務を長らく独占してきましたが、1994年に起きた事務所移転に伴う不正融資疑惑事件（JASRACが移転先のビルに巨額の不正融資を行った事件）をきっかけに批判が噴出。保守的な管理体制や独占がもたらす弊害がマスコミでも大きく取り上げられました。このため、政府は著作権管理事業に競争を導入する法案を提出、国会の議決を経て著作権等管理事業法（一定の条件を満たせば文化庁長官の許可がなくても、使用料規定などの書類を届け出て、登録すれば著作権管理事業を行うことができる法律）を制定し、2001年10月1日から施行しました。

　これにより新規参入の道が開かれ、参入した管理事業者も現れましたが、JASRACの業界シェアは依然として90％超と独占状態は変わっていません。

　こうした中、JASRACは独禁法違反で訴えられ、最高裁まで争いましたが、負けてしまいました。Q.8でも紹介した包括契約は、一定の金額を払えばすべての曲を何回でも使える契約です。テレビ局はJASRACと、「放送事業収入の1.5％」など毎月同じ金額を支払う包括契約を結んで楽曲使用料を支払っていました。

　公正取引委員会は、これが単発契約で1曲ごとに徴収するライバルの参入をさまたげているため、独禁法違反にあたるとして、いったんは包括契約の取りやめを命じましたが、JASRACの不服申し立てを受けて、2012年に命令を取り消す判断を下しました。

　この判断の取り消しを求めて、今度はライバルのイーライセンス（現在のNexTone）が訴訟を起こしたところ、東京高裁はJASRACの参入妨害を認め、判断を取り消しました。最高裁も2015年、高裁判決を支持しました。

　Q.8でも紹介した安藤東洋大教授は、音楽出版社代表で

JASRAC会員でもありますが、東京新聞の記事で「ファンキーさんや音楽教室の怒りは、JASRACが公益性が高いにもかかわらず、不透明な部分があったり、強硬な態度を取るからだ。音楽業界の現場を知らず、保守的な態度になっている。批判には謙虚に耳を傾けてほしい」と述べます。

JASRACの浅石道夫理事長は「批判は慣れている」と言っているようですが（2017年2月20日付、日経産業新聞）、批判に耳を傾けようとしない姿勢は私も体験しました。

今回、JASRAC広報部に取材を申し入れましたが、私の主張するフェアユースに賛成できないという理由で断られました。音楽教育を守る会は会長が取材に応じてくれたので、本を書くにあたって、公平な取材を心掛けたいと食い下がったところ、音楽教育を守る会は「著作権法改革により日本を元気にする会」（Q.36参照）に賛同しているが、JASRACは賛同しているわけではないとして退けられました。

第 3 章

音楽教室にまで手が伸びたJASRACの使用料徴収

Q.11
なぜ音楽教室からも使用料を徴収しようとしている?

A.

フィットネスクラブやカルチャーセンターなど、他の施設からも徴収してきたから!

Point.

◇ JASRACは音楽教室以外にも、フィットネスクラブやカルチャーセンター、ダンス教室など様々な施設から使用料を徴収してきた。
◇ 今までの使用料徴収施設の主な顧客は大人。しかし音楽教室には多くの子どもたちが通うので、レッスン料を上げることは、音楽文化の発展をさまたげる可能性がある。

―解説―

　JASRACは「楽器教室における演奏等の管理開始について（Q＆A）」をホームページで公開しています。その中の「どうしてこのタイミングで管理を開始するのですか？」という質問に対しての回答を私なりに要約します。

　JASRACが楽器メーカーと音楽教室における使用料徴収について協議を始めたのは2003年。その後、フィットネスクラブ（2011年）、カルチャーセンター（2012年）、社交ダンス以外のダンス教授所（2015年）、カラオケ教室・ボーカルレッスンを含む歌謡教室（2016年）と順に使用料徴収を始めました。カルチャーセンターで行う楽器教室や歌謡教室からは使用料を徴収しているのに、音楽教室からは徴収しないというのは不公平だ、というのがJASRACの見解です。

　JASRACの使用料等徴収額は過去5年横ばいです。ＣＤなどの売上が減少する中、徴収額を何とか維持できているのは、新たな徴収先を開拓してきた努力が実ったからでしょう。

図表3　JASRAC使用料徴収額の推移

出所：JASRACホームページ、日本レコード協会ホームページ

しかし、これまで開拓してきた各種教室は主に大人向けの教室。これに対して、音楽教室は将来の音楽文化を担う子どもたちが対象です。それだけに今回、JASRACはかなり微妙な領域に踏み込んだといえます。だからこそ、大きな反響をよんだのではないでしょうか？

Q.12
ツイッターで60万人が批判し、著名なミュージシャンも反対しているって本当?

A.

坂本龍一、大政直人など大物ミュージシャンも JASRAC の方針に反発している!

Point.

◇ 音楽教育を守る会の訴状によると、ツイッター上では約60万もの JASRAC に対する批判的ツイートが寄せられた。
◇ 坂本龍一さん、大政直人さんなど著作権者も JASRAC の方針に反発している。

―解説―

　音楽教育を守る会の訴状によると、ツイッターでは60万の批判的ツイートが寄せられました。歌手の宇多田ヒカルさんも問題発覚後、「もし学校の授業で私の曲を使いたいっていう先生や生徒がいたら、著作権料なんか気にしないで無料で使って欲しいな」とツイートしています。宇多田さんは「学校の授業で」としていますが、営利を目的としない学校での演奏は、現在でも許諾を得る必要はありません（著作権法第38条1項）。宇多田さんが学校の授業からも使用料を徴収すると誤解していたのかもしれませんが、このタイミングから、民間の音楽教室からの徴収に反対した可能性もあります。

　この問題ではっきりとJASRACを批判したのは、世界的音楽家の坂本龍一さんです。Q.9で紹介した2017年11月14日付、BuzzFeed News「坂本龍一、JASRACに苦言 『襟を正して透明性の確保を』」で、「音楽教室のなかで複数の生徒さんが演奏したとしても、内輪の範囲だと僕は思いますけどね。JASRACはちょっと踏み込み過ぎたんじゃないかな。そんなことよりも、ほかにやるべきことがあると思いますよ」と指摘します。そして、「JASRACへ望むことは」という質問に以下のように回答します。

☞ ネットが普及して、著作権について心配される場面も増えてきました。しかし、JASRACは時代とかけ離れている、時代が見えていない、というイメージが強いですね。

　一方は「タダで（安く）使いたい」、もう一方は「いや著作権は大事だ」という。反対の価値を主張しているわけですから、お互いに話し合い、理解し合う必要があります。

　そのためには、JASRACが公共的に信用されていないといけません。なぜJASRACの主張は批判を浴びるのか。世間のイメージも含

めて、自分自身を問い直す必要があるのではないでしょうか。襟を正して、透明性を高めていってほしいですね。

　一般社団法人全日本ピアノ指導者協会（ピティナ：PTNA）はホームページで、この問題に対する会員のコメントを掲載しています。その多くがJASRAC会員でもある音楽関係者がJASRACの使用料徴収を批判しています。代表して、一般社団法人日本作曲家協議会・大政直人理事のコメントを紹介します。

☞ JASRACの言い分によれば、先生が生徒に次の曲を決めさせるために何曲か曲の冒頭を演奏すれば、それは当然ながら支払いの対象になります。しかしそれが公衆での演奏と言えるでしょうか？　またレッスンで先生が「そこはこう弾こう」と言ってドレミで歌っても公衆での演奏になります。
　これらの例に限らずレッスンでの指導から演奏使用料を徴収するという事は、著作権料を取るという大前提があってのこじつけにしか思えません。
　私の曲をレッスンで使ったからといって演奏使用料をもらいたいとは全く思いません。それが良心のある多くの作曲家の考えであると信じています。

　このように使用料を受け取る立場の著作権者であってもJASRACの主張を批判する人たちが決して少なくないのです。

Q.13
JASRACの使用料徴収方針に対して57万人が反対署名に応じ、国会でも質問されたって本当?

A.

本当! 音楽教育を守る会は約57万人分の反対署名を集め、国会でも質問・答弁された。

Point.

◇ 音楽教育を守る会は2017年3月27日から約3カ月で50万人を超える反対署名を集めた。
◇ この件に関して宮崎岳志前衆議院議員は、2度にわたり政府に対して質問主意書を提出している。

第3章 音楽教室にまで手が伸びた JASRAC の使用料徴収

—解説—

音楽教育を守る会は2017年3月27日、署名活動を開始しました。6月末までに目標の50万人を超える55万7357筆の署名（署名用紙によるもの52万5265筆、ネットでの署名3万2092筆）を集め、7月4日、文化庁に提出しました。8月8日には、その後寄せられた署名1万803筆を追加で提出したため、あわせると約57万人が反対の署名をしたことになります（音楽教育を守る会ホームページより）。

署名の目録を永山裕二文化庁長官官房審議官に手渡す音楽教育を守る会・三木渡会長

国会でも宮崎岳志前衆議院議員（当時、民進党・無所属クラブ）が、2度にわたり質問主意書を提出しています。

2017年5月11日に提出された最初の質問書では、具体的に6項目について質問しています。質問内容を私なりに要約すると以下のようになります。

1. 教室に通う生徒も音楽教室自体も、「指導料」としてのお金を講師に支払っており、"演奏そのもの"に払っているわけ

ではない。だから、許諾なしに音楽を使っても著作権法には違反していないと考えるが、政府の見解はどうなのか。
2. 音楽教室での演奏は公衆に聞かせることを目的としているとは思えないが、政府の見解はどうなのか。
3. 音楽教室の生徒は楽譜を購入したり、演奏技術習得後にコンサートなどで演奏したりするときに著作権料を支払っているため、すでに著作権者の権利は十分守られていると考えるが、政府の見解はどうなのか。
4. JASRACは授業料の2.5％を徴収すると主張しているが、音楽教室ではJASRACの管理外であるクラシック等もよく利用している。その辺りも考慮した上で、この金額は妥当なのか政府の見解を問いたい。
5. JASRACが主に包括的利用許諾契約（利用した曲ごとではなく、音楽教室の規模により一括で徴収額を定める方式）を求めることは他の著作権管理団体の排除につながると考えられるが政府の見解はどうなのか（著者注：Q.10のとおり、JASRACはまさにこの問題で独禁法違反で訴えられました。単発契約で1曲ごとに徴収する他の著作権管理団体よりも競争上、優位に立つので独禁法に違反したと主張され、最高裁まで争いましたが負けてしまいました）。
6. JASRACは「一曲1回」ずつの使用料徴収の方法も検討するといっているが、音楽教室では同じ曲の同じフレーズを何度も繰り返したりするなど「一曲1回」の定義が難しいと感じるが、政府の見解はどうなのか。

　これらに対して政府は5月19日、安倍総理名で答弁書を提出。「お尋ねは仮定の質問であることなどから、お尋ねに対してお答えすることは差し控えたい」としつつ、「なお、一般論として申し上げれば……」と前置きした上で、著作権法に定める一定の条

件を満たさない場合には許諾を得る必要があると回答しました。

　宮崎前議員は5月29日に再度、質問主意書を提出し、一般論に対する政府の考えをたずねましたが、政府は6月6日の答弁書で、それらは「具体的な事実関係に照らし個別的に判断されるべきものであると考える」と回答しました（以上、質問主意書および回答は衆議院ホームページより）。

　地方議会からもこの問題に対して、慎重な対応を求める意見書が内閣総理大臣と文部科学大臣あてに提出されました。以下、武蔵野市議会が2017年6月26日に可決した「音楽教育の場における著作権使用料について慎重な対応を求める意見書」から抜粋します（武蔵野市ホームページより）。

☞「（前略）現在は演奏による著作権料が徴収されていない音楽教育の現場から著作権料が徴収されるようになれば、レッスンで使用する楽曲の選択に影響が生じることで、音楽を学ぼうとする全ての人たちにとって、幅広いジャンルの音楽に接する機会が減少し、音楽愛好家や演奏人口の減少につながるおそれがある。将来的には次世代音楽家の輩出にも大きな影響を及ぼし、日本の音楽文化の発展を阻害する結果となるなど、その社会的影響は大変大きいと考えられる。よって、武蔵野市議会は、貴職に対し、音楽教育の場における著作権使用料について慎重な対応を求めることを強く要望する。」

Q.14
「音楽教育を守る会」は何を主張している？ JASRACの反論は？

A.

音楽教育を守る会は
「音楽教室での演奏は『公衆』に対する演奏ではない」
「音楽教室の演奏は『聞かせること』を目的とした演奏ではない」
「音楽教室から使用料を徴収することは音楽文化の発展を妨げる」
と主張している！

Point.

◇ JASRACは上記の主張に対して、それぞれ以下のように反論している。

1. 音楽教室での演奏は「公衆」に対する演奏ではない
   ⇨ 受講生が一人であっても過去に「公衆」とみなされた判決があるので、たとえ少人数であっても「公衆」である。

2. 音楽教室の演奏は「聞かせること」を目的とした演奏ではない
   ⇨ 一人カラオケも「聞かせること」を目的とした演奏という判決が下されている。同様に、音楽教室も生徒や講師に「聞かせる」目的があるはず。

3. 音楽教室から使用料を徴収することは音楽文化の発展を妨げる
   ⇨ 著作権者にお金（使用料）を回すことこそ音楽文化を発展させる。

―解説―

2017年6月20日、音楽教育を守る会のメンバーである音楽教室事業者251社・団体は、JASRACに対して、音楽教室における演奏については、使用料を請求しないことの確認を求める訴訟を起こしました。

音楽教育を守る会は、ホームページの「活動トピックス」で主張を要約しています。

主張は3点あるので、それぞれの主張に対するJASRACの反論も紹介します。ただし、JASRACは裁判関連の情報は公開していませんし、Q.10のとおり取材も断られたため、新聞報道からの引用です。

音楽教育を守る会の主張
1.「公衆」に対する演奏ではないこと

音楽教室における演奏は、教師と生徒が教育目的で結合された特定かつ少数の者の間の演奏であり、「公衆」に対する演奏ではない。1対1の個人レッスンや講師1名と3～5名程度の生徒で行われるレッスンにおける演奏が「公衆」に対する演奏であるとは考えられない。

現行法制定時の資料にも、学校教育であるか社会教育であるかを問わず、教室という閉鎖的な場における著作物の使用は「公でない使用」であることが明記されており、以後、45年以上の間、社会教育における教室での授業については、演奏権が及ばないと理解されてきた。

著作権法ができた経緯について、音楽教育を守る会・三木渡会長はインタビューで以下のように補足してくれました。

1970年代の著作権法成立時、国内では多くのピアノが販売され、音楽教室に通う子どもたちはヤマハ、カワイの大手だけでも40万人を超えていました。この状況を鑑みて、当然のことながら、音楽教室にて行われている講師や生徒の演奏に対する演奏権が著作権法に該当するかどうかは十分意識されていたはずです。

　にもかかわらず音楽教室からは著作権料を徴収しないという判断が下されてきました。また音楽教室に著作権料や演奏権の問題が及ぶのであれば、著作権法第22条（著者注：演奏権について「著作者は、その著作物を、公衆に直接見せ又は聞かせることを目的として（中略）演奏する権利を専有する」と定めています）のような表現になることはなかったと思われます。

● JASRACの反論

　1人の受講生のみを対象にした音楽の再生でも「公衆」にあたるとの判例があり、教室内における演奏の公性はすでに結論が出ています。争うことは何もありません。（2017年2月20日付、日経産業新聞）

　一人の受講生のみを対象にした音楽の再生でも「公衆」にあたるとの判例は、2004年の社交ダンス教室事件名古屋高裁判決です。社交ダンスを教授する際に無断で音楽を演奏していたダンス教室をJASRACが訴えました。ダンス教室は、受講者に対してのみ演奏するので、公の演奏にあたらないと主張しました。名古屋地裁は誰でも受講生になれるため、公衆に対するものとすべきである、実際の対象者が少数であることは、必ずしも公衆であることを否定するものではない、としてダンス教室の主張を退け、

名古屋高裁もこれを支持しました。

音楽教育を守る会の主張
2.「聞かせることを目的とした」演奏ではないこと
　音楽著作物の価値は人に感動を与えるところにあるが、音楽教室での教師の演奏、生徒の演奏いずれも音楽を通じて聞き手に官能的な感動を与えることを目的とする演奏ではなく、「聞かせることを目的」とはしていない。

● **JASRACの反論**
「著作権を勝手に解釈しています。また、著作権法は第38条で『営利を目的とせず、かつ、聴衆又は観衆から料金を受けない』場合は演奏できるとしているだけです。教育だから演奏しても自由だとも言っていません」。(2017年2月20日付、日経産業新聞)

　著作権法は、演奏権が及ぶケースを「公衆に聞かせる目的の演奏」と定めるが、「カラオケボックスでの一人カラオケも『聞かせる目的の演奏』と認定されている。音楽教室の生徒の演奏も、自分や先生に聞かせるもので、演奏権は働く。講師は教室を運営する事業者の従業員であり、その演奏は事業者の演奏と変わらない」と主張する。(2017年7月21日付、朝日新聞)

　カラオケボックスでの一人カラオケも「聞かせる目的の演奏」であるとした判例は、2008年のビッグエコー事件判決です。JASRACはカラオケ装置で管理著作物を無断で使用しているカラオケボックス経営者を訴えました。東京地裁は、店舗に来店する顧客は不特定多数なので、一人カラオケのカラオケ装置による音楽の再生や映像の上映は、公衆に直接聞かせ、見せることを目的とするという判決を下しました。

音楽教育を守る会の主張
3. 著作権法の立法目的（法第1条）にもそぐわないこと

　教育のための著作物の利用は、第1条の「文化的所産の公正な利用」に含まれるところであり、また民間の音楽教室という社会教育なくして音楽文化の発展はあり得ず、社会教育における音楽教育は、まさに同条の「文化の発展に寄与する」という著作権法の目的を実現するものであり、このような著作権法の目的に背を向けるような第22条の解釈は許されない。

● JASRACの反論

「使用料徴収は文化発展こそが目的です。教室側が設立した『音楽教育を守る会』は『文化の発展に寄与するという著作権法の目的に合致しない』という声明を発表していますが、本当に著作権法を読んでいるのだろうか、と思ってしまう」

「現行の著作権法を起案した加戸守行氏は著書で、著作権法第1条の『文化発展の寄与』について、著作権者の経済的、人的な利益を確保して著作権者の苦労に報いる、そうして優れた著作物が生み出されて文化の発展に寄与する、と示されている。

　つまり、『創造のサイクル』を作りましょうということ。権利者にお金が回ることが、新しい作品を生むのです」（2017年2月20日付、日経産業新聞）

　音楽教室から使用料を徴収することが、文化の発展に寄与するという著作権法の目的に沿っているか否かについて、真っ向から対立しているわけです。JASRACの主張するように「創造のサイクル」を創ることにまったく異論はありません。しかし、「創造のサイクル」の恩恵を受けるはずの著作権者からも、反対の声が上がっているところからも、この問題の難しさがわかります。

Q.15
なぜJASRACは「裁判で100%勝てる自信がある」と言い切れる?

A.

裁判所は過去にJASRACに有利な判決を複数下しているから!

Point.

◇ JASRACはカラオケスナックやカラオケボックスをめぐる裁判などで勝訴を重ね、裁判例を築き上げてきたと主張している。
◇ ダンス教室事件でも裁判所は、一人の受講生のみを対象にした音楽の再生も、誰でも受講生になれるので、「公衆」に対する演奏であるとした。

―解説―

　2017年7月21日付の朝日新聞の記事に、以下のような記述があります。

☞ だが浅石氏（著者注：JASRAC理事長）は「法的な検討は尽くしており、百％の自信がある」。カラオケスナックでの客の歌唱を店側の歌唱とみなすという1988年の最高裁判決、いわゆる「カラオケ法理」を勝ち取り、それを適用してカラオケボックスをめぐる裁判などで勝訴を重ねるなど「裁判例を築き上げてきた」というのだ。
　著作権法は、演奏権が及ぶケースを「公衆に聞かせる目的の演奏」と定めるが、「カラオケボックスでの一人カラオケも『聞かせる目的の演奏』と認定されている。音楽教室の生徒の演奏も、自分や先生に聞かせるもので、演奏権は働く。講師は教室を運営する事業者の従業員であり、その演奏は事業者の演奏と変わらない」と主張する。

　「講師は教室を運営する事業者の従業員であり、その演奏は事業者の演奏と変わらない」と主張しています。講師の演奏にはQ.3で紹介したカラオケ法理が適用されると主張しているわけですが、ここで、「生徒の演奏も事業者の演奏と変わらない」とまでは主張していません。生徒の演奏は第38条1項の「営利を目的とせず、かつ、聴衆又は観衆から料金を受けない」場合にあたり、許諾なしに演奏できるからです。
　このようにJASRACが拠り所にしているカラオケ法理も、生徒の演奏にまで適用されるかは疑問なので「100％の自信がある」との浅石氏の発言は言葉どおりには受け取れません。しかし、過去の判例からはJASRACが有利であることは間違いありません。
　ダンス教室事件で、名古屋高裁は誰でも入会できるのならば一人でも公衆だとする判決を下しました。この判決を不服としたダ

ンス教室は最高裁に上告しましたが、最高裁は上告を受理しませんでした。

その後、Q.3で紹介したまねきＴＶ事件でも公衆の定義について争われ、この時は最高裁が判決を下しました。まねきＴＶは親機をあずかり、日本のテレビ番組を録画して海外に住む日本人の子機にネット転送するサービスでした。親機は１対１の送信機能しかありませんでしたが、2009年に最高裁は、誰でもユーザーになれるので、公衆にあたるとして、サービスを提供した会社の公衆送信権侵害を認める判決を下しました。最高裁もこうした解釈を支持していることから判例が変わる可能性は少なそうです。

ところで、ダンス教室事件で教室側はフェアユースの主張もしました。フェアユース規定のない日本で、フェアユースについて争われた数少ない裁判例の一つですが、裁判所は実定法主義（著者注：実際に定められた法律に従わなくてはならないという主義）の日本で著作権者の権利を制限するには、どのような状況なら権利が制限されるか（許諾なしでも楽曲を使用できるか）具体的かつ明確に定めなくてはならないといって、ダンス教室の主張を退けました。

フェアユースはイギリスの「エクイティ（衡平法）の法理」に由来しています。中世のイギリスでは、コモンロー（慣習法、過去の裁判所の判例の積み上げを基盤に築かれた法制度）で対応できないが、正義と衡平の観点から救済すべきと判断した場合、救済措置を施しました。この救済が積み重なってエクイティと呼ばれる法体系が生まれたのです。エクイティの適用例として、シェイクスピアの戯曲「ヴェニスの商人」が紹介されることがあります。フィクションですが、わかりやすい例なので、私なりの要約を記載します。

ヴェニスの貿易商人が、ユダヤ人金貸しから金を借りるために、期日までに借りた金を返せなければ、胸の肉１ポンドを与え

る証文を書きました。商人は簡単に金が返せると思っていましたが、船が難破したため全財産を失いました。金貸しは肉１ポンドを要求して、裁判を起こしました。裁判官は当時の法律にもとづいて、証文どおり胸の肉１ポンドを切り取ってよいという判決を下しました。金貸しは喜びましたが、裁判官は続けました。「証文には『肉１ポンド』と書いてあるが、血のことは書いてないので、肉を切り取るにあたって血を一滴でも流せば、法律に従って全財産を没収する」。

　法律をそのまま適用すると、商人は金貸しに胸の肉１ポンドを与えなくてはなりませんが、公正と正義の観点から法律の不備を補う「エクイティ（衡平法）の法理」があったために商人は胸の肉を切り取られずに済んだのです。

　日本でもフェアユースのように一定の判断基準を用意し、その基準にもとづいてケースバイケースで判断する方式を採用すれば、現在の著作権法の不備を補えます。

Q.16 著作権法の目的「文化の発展に寄与する」を第三者はどう解釈している?

A.

著作権法の権威である中山東大名誉教授は「木の枝を切り込みすぎて幹を殺してはいけない。音楽教室に対して必要以上に著作権者の権利を主張すれば、音楽文化が発展しなくなるかもしれない」と話している。

Point.

◇ 中山信弘東京大学名誉教授は「音楽文化を発展させるにはフェアユース導入の検討も必要」と話している。
◇ 安藤和宏東洋大学教授は「JASRACは、音楽教室は文化をつくる仲間という認識を持つことが大事」と話している。

―解説―

Q.14のとおり、音楽教室から使用料を徴収することが、文化の発展に寄与するかどうかをめぐって、音楽教育を守る会とJASRACは真っ向から対立しています。そのため、第三者の見方を紹介しましょう。音楽教育を守る会寄りの見解ですが、著作権法の権威である中山信弘東京大学名誉教授の意見です。

Q.36で紹介する「著作権法改革により日本を元気にする会」は、2017年9月28日に開催したキックオフイベントで中山教授に基調講演を依頼しました。以下は当日、司会を務めたメディアアクティビスト、津田大介氏のメルマガからの抜粋です(【日本にフェアユースは必要か?】津田大介の「メディアの現場」vol.278)。

中山教授は野口祐子弁護士の「著作権法が業界法からお茶の間法へ変わった」という指摘を紹介しながら、著作権法を取りまく環境が激変した、そうした変化に追いつけない著作権法は現状に即していない、と述べます。

続いてデジタル時代には、誰もがネットの素材を使って作品をつくり、容易に世界へ発信できるようになった、同時にパソコンをクリックするだけで世界中の作品にアクセスすることも可能になった、と指摘した上で以下のように続けます。

☞ 大変便利になりましたが、著作権法では、著作物を利用する場合は対価を払うことになっています。ネットにも著作権のあるものが満ちているので、うっかりすると著作権法の壁にぶちあたってしまう。常識的に考えて、こんなことにまで対価を払う必要はないだろう、あるいはこんなことで権利行使をされてはたまらない、といった事態が多々生じているのです。

そんな事態を鑑みて、著作権法は30条以下で「私的使用のための複製」をはじめとする例外規定を設けていますが、現在の解釈では、

それは限定的であるとされています。30条以下に載っているものだけが例外とされるため、ネットやデジタルのすさまじい変化に追いつけない状態にあるわけです。

　私自身は米国のようなフェアユースを導入して解決すべきであると考えていますが、日本では非常に高い壁があり、なかなか実現しないのが実情です。フェアユースとは、「公正な利用」であれば著作権者の許諾がなくても著作物を利用できる制度ですが、要するに「お上」が決めたことに従っていれば安全だというのではなく、自分が「これは大丈夫だ」という信念に基いて行動して、あとは裁判所に判断を仰ぐということです。米国はそうしてコンテンツ産業が大きく伸びてきました。ここで詳細を論じると2～3時間かかってしまうので、今日は問題提起に留めます。

　一方、ネットの発達によって、近年は「コンテンツは無料である」という風潮が広まってきました。実際に無料で手に入るコンテンツはたくさんありますが、やはり創作者やクリエイターへはそれ相応の対価を払う必要があります。しかし、現実にはアニメーターなどの創作者に対してはあまり還元されていません。

　立法によるか、契約によるかという手法の問題は別として、いずれにしても対価還流のシステムは構築すべきであろう。ただし、先ほども申し上げたように、「こんなところからお金をとるのはあまりにもひどいだろう」という場合もあり、いま問題になっている音楽教室での演奏から著作権料を徴収するといったことは、その一例だと思います。

　著作権法の世界においては、単に権利者が利用者からお金をとればいいというものではありません。著作権法第1条に「文化的所産の公正な利用に留意し、著作者等に権利の保護を図り、もって文化の発展に寄与することを目的とする」とありますが、私はこの「文化の発展」がキーワードだと思っています。つまり、著作権法の究極の目的は、文化の発展にあります。

ですから、著作権者には「いかにして文化の発展を図るか」という意識をもっていただきたい。音楽であれマンガであれアニメであれ、幅広い裾野があって初めて花開くもので、これを潰しては文化の発展どころか逆行してしまうことになりかねません。
　そのために、当事者の意識の問題だけでなく、法改正も視野に入れた検討が必要になってきます。いまこそ「著作権法とはなにか」という原点に立ち戻って考え直す、あるいは議論をし直すことが肝要であろうと考えています。

　基調講演の後、津田氏は「お話のなかに『文化の発展』というキーワードが出てきましたが、フェアユースがそれに対してどう寄与できるか」について質問しました。中山教授は次のように答えました。

☞ 文化の発展というのは北極星のようなものでして、個々の条文を解釈するときに必要になるんですね。多くの条文には解釈の幅がある。その幅があるなかでなにかを決めなければいけないときに、なにをめざしていけばいいのかという指標、いわば北極星が、「文化の発展」だろうと思います。
　先ほどの音楽教室の例で言えば、木の枝を切り込みすぎて幹を殺してはいけない。音楽教室に対して必要以上に著作権者の権利を主張すれば、音楽文化が発展しなくなるかもしれない。それを防ぐのにフェアユースが寄与するのかなと思います。

　中山教授は、2017年11月、東京地裁に音楽教育を守る会とJASRAC訴訟の証拠として同趣旨の意見書を提出。文化審議会にも有識者意見として提出された意見書の全文は、音楽教室を守る会のホームページに公開されています。
　Q.8と10でも紹介した安藤東洋大教授は、2017年4月12日付、

北海道新聞のインタビューに答えて、学生時代には作曲家を志し、ピアノ教室に7年間通った経験やJASRACの会員でもある音楽出版社の代表を務める経験から、「今回の徴収方針には反対の立場です」として、次のように述べます。「著作権法は作り手の利益だけでなく、利用者の利便性とバランスをとって文化の発展に寄与することを目的にしています。音楽教室は文化をつくる仲間という認識を持つことが大事です」。

作り手の利益だけでなく、利用者の利便性とバランスをとって文化の発展に寄与することは、著作権法の目的であるだけでなく、JASRACの事業目的でもあります。「音楽の著作物の著作権を保護し、あわせて音楽の著作物の利用の円滑を図り、もって音楽文化の普及発展に寄与すること」を事業の目的に掲げているからです。JASRACはこの目的に立ち戻って、音楽教室からの使用料徴収問題を再考すべきでしょう。

第 4 章

何が違う?
日本と海外の
著作権法

Q.17 日本と海外では著作権ビジネスに対する考え方が違う?

A.

海外の著作権ビジネスは市場を大きくしてから回収するが、JASRACは使用料を徴収することだけを念頭に置いている!

Point.

◇ 欧米ではビジネスとして大きくなってからライセンスを認めて契約することで著作権者は実利を取る。

◇ 日本では「文化の発展に貢献する」という著作権法の目的を理解しない権利管理団体が、使用料徴収だけを念頭に置いて業務を運営している。

―解説―

 私の手元に田口宏睦氏の『JASRACに告ぐ』(晋遊舎ブラック新書) という本があります。

 著者の田口氏は「対JASRACの会」の顧問を務めていたとき、民主党の川内博史衆議院議員 (現在は立憲民主党) と同議員の友人であるA氏を取材しました。本書で田口氏の「日本は著作権後進国なんでしょうか?」という問いに対してA氏は「いや、著作権を擁護する規定に関してはトップクラスの先進国ですよ。アメリカやヨーロッパの一般利用者のほうが、むしろ著作権モラルが低く、やり放題という人もいます」と話します。

 しかし、その状況がアメリカやヨーロッパの文化を大いに発展させたというのが川内氏の論です。以下、A氏の指摘も含めて私なりに要約します。

 本来、すべてのアーティストやクリエイターは文化の利用者、消費者。そんな彼らがすでにある作品を参考に、新たな作品を創作して人気になったところで、ビジネスにする。太らせてから利益を回収する知恵が欧米にはあります。

 YouTubeや音楽配信なども最初は「著作権者の許可なく勝手に楽曲を使うな!」と裁判が起きましたが、結果的には著作権者の許諾がなくても楽曲を使えることが認められました。もしYouTubeや音楽配信が著作権者の許可なしに楽曲を使うことを裁判所や音楽会社などの権利者が認めなかったら、これほど大きなビジネスに発展することはなかったでしょう。しかし、アメリカの権利者は、最初は自由に楽曲を使えることを認めて、ある程度ビジネスとして大きくなってから著作権料を徴収した方が、事業そのものをつぶしてしまうより、たくさんの利益を得られる。そう考えたうえで行動し、裁判所もそれを認めるので、YouTubeや音楽配信といった新しいビジネスが生まれ、そのコンテンツを

利用して創作者がまた新たな作品を生み出すことで、結果的に文化の発展に寄与しているのです。だから、著作権法では「文化の発展に貢献するため著作権という権利を与える」ことを第1条で規定しています。

　それは万国共通ですが、日本の著作権の管理団体は上記のような考えがないため、なかなか文化が発展しません。それどころかライブハウスやジャズ喫茶など文化の拠点となるところを破壊しています。

　日本では裁判所も「利用者が作品を自由に使えなくなることで、日本の音楽文化の発展をさまたげてしまうのではないか」ということは考えません。ただ法律に違反しているかどうかのみで判断しています。

　以上の指摘はJASRAC問題も含め、日本の著作権法の抱える問題の核心を突いています。以下でさらに詳しく見ていきましょう。

第4章　何が違う？　日本と海外の著作権法

Q.18
日本の街から音楽が消えた！どうして？

A.

音楽を流すにはJASRACに毎年、使用料を支払わなければならなくなったから！

Point.

◇ 喫茶店でBGMを流すにはJASRACに申請して、毎年6,000円程度支払わなくてはならない（金額は店舗の規模によって異なる）。
◇ 喫茶店のマスターは6,000円という料金に加えて、申請するのが面倒くさくて音楽を使わなくなる。

―解説―

　Q.17で紹介した川内議員は「日本では権利管理団体が営利目的のため著作権を利用している。だからなかなか文化が発展しない」と指摘します。確かに最近、街からは音楽が聞こえなくなっていると実感します。なぜ街から音楽が消えてしまったのでしょうか？

　以前は12月にもなればどこに行ってもクリスマスキャロルが流れて年末商戦を盛り上げていました。ところが、最近はＬＥＤを使用したイルミネーションが積極的に採用されている一方で、クリスマスキャロルは聞こえてきません。一時、お葬式に行く度に「千の風になって」が出棺の時に流れていましたが最近は聞かなくなってしまいました。あの名曲が次の時代に伝承されるか心配になります。

　喫茶店でも音楽が聴けなくなりました。例えば、50代以上の読者の多くは、この歌詞を見れば、自ずとメロディ付きで思い出されると思われる曲の歌詞を引用します。JASRACの出版規定では、書籍における歌詞の利用は、通常許諾手続きが必要ですが、Q.6で紹介した京都大学総長歌詞引用事件から、著作権法第32条の引用が適用されるケースと判断して、JASRACの許可を得ずに引用します。

☞ 君とよくこの店に来たものさ　訳もなくお茶を飲み話したよ　学生でにぎやかなこの店の　片隅で聴いていたボブ・ディラン
「学生街の喫茶店／作詞 山上路夫・作曲 すぎやまこういち・歌 ガロ（1972年）」

　特徴的なストリングスとドラムの掛け合いのイントロを覚えている人も多いでしょう。この楽曲にある風景は、喫茶店に来ては、

コーヒーを飲みながらボブ・ディランやその時々にマスターがかけるレコードを恋人と一緒に聴いていた、というものです。そう、かつて喫茶店は楽曲を広める格好の場であり、そしてその音楽はベルボトムやロンドンブーツといったファッションの伝導師でした。

しかし、時は流れて、喫茶店からも、そして街からも、いつの間にか音楽は聞こえなくなりました。

私達の生活に音楽は欠かせません。友達や恋人と過ごした"青春"に聴いた音楽は、一生の宝物ですが、その音楽との出合いが減っています。街から音楽が消えてしまったように感じているのは私だけではないでしょう。なぜ、このようなことになってしまったのでしょうか?

例えば、喫茶店でＢＧＭを流すには、JASRACと契約をしなければなりません。JASRACの使用料規定第12節ＢＧＭのルールでは、面積が500㎡までの店舗は年額6,000円を支払う必要があります。つまり喫茶店のマスターは、JASRACに申請して年に6,000円を支払えば、JASRACが管理している楽曲をＢＧＭとして流すこと(録音物の再生演奏)ができるのです。

ところが、この手続きを行わずにＢＧＭを流すことをやめてしまったり、JASRACが管理していないクラシック曲や著作権フリーのＢＧＭ用ＣＤを流しているところもあります。どちらにしても、その時流行っている楽曲が流れないことになり、音楽の伝承がかないません。これは深刻な問題です。

なぜ喫茶店のマスターは手続きをしないのでしょうか。田中辰雄慶応義塾大学准教授の「著作権集中管理団体の功罪をめぐる論争について－JASRACの『音楽教室からの料金徴収問題』を題材に－」の論文(国際大学GLOCOMホームページより)にて考察されていますが、多くのマスターは6,000円という料金に加えて、申請する・許可を得るという手間をかけてまで音楽を使わな

くても良いと考えています。単純な表現をすれば、"めんどうくさい"から手続きをしないのです。

　また、冒頭の「学生街の喫茶店」の"喫茶店"は、今時の"カフェ"とは少し異なる業態です。昭和の時代にはジャズ喫茶、フォーク喫茶、ロック喫茶と呼ばれる「音楽喫茶」が多数存在しました。これら音楽喫茶は、レコードは高価であり、個人で購入するのは難しかった頃にマスターがこだわりのオーディオ機器を設置して客にそのレコードを聴かせたり、生バンドがカバーやオリジナル楽曲を演奏したりするところでした。喫茶店のＢＧＭとの違いを考えると、音楽を聴く料金にコーヒーがおまけされていた、ということかもしれません。

　この場合のJASRACの使用料率は、JASRAC使用料規定第１節演奏等の「8. 社交場における演奏等」に定められている料率が適用されると考えられ、ＢＧＭと比べると20倍かそれ以上の金額となります。これは利益に対してではなく、店舗の規模（面積や席数）によって決められています。このケースでは申請手続きの手間よりも、使用料そのものが負担となってしまっている場合もあります。

Q.19 日本で音楽文化を発展させるために不可欠なものは何？

A.

誰もが音楽と触れ合える「場」の創出が必要！

Point.

◇ インターネットやスマートフォンの普及により、音楽の多様化が進み、現代ではヒット曲が生まれにくくなった。
◇ 音楽文化の発展のためには、かつてのマスメディアに代わる、新たな「音楽と触れ合える場」の創出が必要。

―解説―

　かつて多くのヒット曲は、テレビや映画、ラジオなどを通して生まれました。しかし近年では、インターネットやスマートフォンの普及により、テレビやラジオを視聴する人が減っています。また音楽も多様化が進み、昔のように家族全員で楽しめる歌番組の放送が減ってしまいました。一部の熱心な愛好家を除いて、一般の人たちは以前より音楽に触れる機会が減少しているのです。

　では、人々が新たな音楽と触れ合うにはどうすれば良いのでしょうか。私はマスメディアに代わる新たな音楽を聴ける「場」の創出が有効だと考えます。

　例えば、美容院。ほとんどの人が一度着席したら長い時間をイスに座って過ごさざるを得ません。しかも美容院ではイヤフォンを着用できません。この時に音楽を流すことで、人々は新たな音楽と触れ合う機会を得られるのではないでしょうか。お気に入りの美容師さんが好きな曲だと思うとより関心も高まるでしょうし、センスの良い楽曲をかけることで美容師さんの客からの評価も上がるかもしれません。

　このように「音楽を聴ける場」の見直しこそがこれからの時代には求められています。

　しかしJASRACは本来、音楽の普及を考えなくてはならない立場であるのに、自身の短期的な利益を求めるが故に、このような場でＢＧＭをかけることに対しても課金を求めています。この行為が結果的に、街から音楽を消し去り、将来的には権利者、管理団体にとっても不利益な構造を生み出すことは明らかであるにもかかわらずです。

　JASRACは創造のサイクルを回すためにも使用料を徴収する必要があると主張します。しかし音楽と出合う機会を奪うことは、逆に創造のサイクルを衰退させるのではないでしょうか。

気に入った音楽を耳にし、ネットで検索すれば曲名を探し出せる時代です。音楽と出合う機会を増やすことによって売上を伸ばせば、使用料の形で権利者に還元されて創造のサイクルが回るのではないでしょうか？

Q.20 東大合格者の60%以上が、子どもの頃に音楽教室に通っていたって本当？

A.

本当！ 民間調査機関のデータによると、一般人の25%に比べ倍以上の割合で東大生は子どもの頃に音楽教室に通っていた。

Point.

◇ 東大合格者だけでなく、起業家、医師、トップアスリートなども幼い頃にピアノなど音楽教室に通っていた経験がある人が圧倒的に多い。

◇ 事前に課題曲を弾けるようにして教室に通うため、小学校に上がる前から宿題をする習慣が身についていることも関係している。

―解説―

　ヤマハ音楽教室を取材した『音楽は心と脳を育てていた』(日経BP社)などの著書がある、ジャーナリストの吉井妙子氏は、「東京人」2017年10月号に「心と脳を育てる音楽教室の今」という記事を掲載しています。以下はその冒頭部分の抜粋です。
「長年功成り名遂げた人物を取材しているうちにある一定の法則があることに気がついた。幼い頃にピアノなど音楽教室に通っていた経験がある人が圧倒的に多いのである。音楽家や芸術の道に進んだ人ならまだしもわかるが、起業家や医師、トップアスリートにこの傾向が強かった」と指摘。具体例として、錦織圭(テニス)、萩野公介(水泳)、石川佳純(卓球)、清宮幸太郎(野球)など若くして才能を発揮した選手の多くが、子ども時代にピアノを学んだ事実を紹介し、「東京大学の合格者にも同じ傾向がある」として、民間調査機関のデータによれば「ピアノなど楽器を習った経験のある人は四人に一人。だが東大生は6割以上が音楽教室に通っていた。つまり一般人の倍以上が子供の頃に音楽に触れていたのだ。」と指摘します。
　記事はヤマハ音楽教室のメソッドとともにスズキ・メソードについても紹介しています。スズキ・メソードはヴァイオリン中心で、卒業生の数もヤマハの10分の1以下ですが、世界的には評価が高い音楽教室です。スズキ・メソードを開発した才能教育研究会(本部・長野県松本市)が、日本人の卒業生856人の出身大学を調べたところ、

☞「音楽系は東京藝術大学が最も多く次いで、桐朋、ジュリアード音楽院には6人が入学。音楽以外では東大、慶応、早稲田、京大、名大の順だったという。プロの音楽家になった人も多い。海外の卒業生にはヨーヨー・マをはじめ、グラミー賞受賞者の音楽家が顔をそろえる」

とのこと。

　この点について、音楽教育を守る会の三木会長が興味深い指摘をしています。音楽教室では課題曲を練習して教室に来なければならないので、小さい時から音楽教室に通っている子どもは、小学生になったときに宿題をして授業に臨む習慣がすでに身についていることも関係しているという指摘です。

「週刊新潮」2017年12月7日号の「なぜ東大合格生の2人に1人は『ピアノレッスン』経験者なのか　3つの理由を分析」も三つの理由の一つに以下の理由をあげています（デイリー新潮ホームページより）。

☞「教室に行ったときだけ練習するほかの習い事とは違い、ピアノの場合、自宅でも毎日練習しなければならない。しかもその練習は単調なことのくり返しであることが多く、それが習慣化することで、学習習慣の定着にもつながる」

「東京人」の記事もヤマハ音楽教室とスズキ・メソードの共通点として、音楽を楽しみながら子どもが最も苦手とする繰り返し練習を克服させるという方法をあげ、次のように結びます。

☞「その過程で集中力や探究心、忍耐力が磨かれ、これが後々、勉強やスポーツ、あるいは仕事に生きてくる。それがその道に秀でた人間を輩出することに繋がっていたのだ。音楽は、子どもの心と脳を育てている。」

第4章　何が違う？　日本と海外の著作権法

ヤマハ音楽教室・幼児科のレッスン風景 (提供：ヤマハ音楽振興会)

Q.21
著作権の保護は「過ぎたるはなお及ばざるが如し」だって本当?

A.

著作権を厳しくし過ぎると、利用者だけでなく創作者にも不利益が及ぶ!

Point.

◇ 著作権はそもそも創作者が創作に専念できるよう生まれた。
◇ しかし創作者の著作権を保護しすぎると、逆に創作者にも不利益を及ぼすことになる。

第4章　何が違う？　日本と海外の著作権法

―解説―

　Q.18で紹介した田中辰雄慶應義塾大学准教授は「著作権集中管理団体の功罪をめぐる論争について－JASRACの『音楽教室からの料金徴収問題』を題材に－」の論文で興味深い指摘をしています。

　この論文の一部を私なりに要約しますと、そもそも著作物は情報財。情報財は物財と違って、お金をかけることなく複数の人間で共有することができ、さらにそれを使って新しい著作物を生み出すことができます。音楽でいえば、一つの曲をもとにリミックス、替え歌、翻訳、編曲、カバーバージョンなどを創作することができ、さらにＢＧＭや主題歌、劇中歌などに使うことで新たなダンスや演劇作品を創り出すこともできます。

　この特性は物財にはあまり見られません。例えば、イスは一つしかなかったら一人しか利用できません。たった一つのイスを世界中の人が共有することは不可能です。

　しかし音楽などの著作物はそれが可能です。そしてこの優れた特性を活かすには、無料でできる限り多くの人が著作物を自由に利用できるようにするのがベストと感じます。

　ただ、みんなが無料で著作物を利用するようになると、創作者がお金を得ることができず、新たに著作物を創り出す人が減る心配があります。それならば、創作者を増やすためにも、創作者はある程度収入を確保できるようにしたほうがいい。このような考えから導入されたのが著作権です。

　著作権を保護するほど創作者はたくさんお金を得られるように見えます。なぜなら海賊版が減って正規版の売上が増えると、著作権料をたくさん得られるからです。しかし厳しくし過ぎると、かえってマイナスになることも多いです。

　田中准教授は厳しくし過ぎると、かえってマイナスになる理由

を二つ挙げます。そのうちの一つが著作権を厳しくし過ぎると利用者が減ってしまうという理由です。例えば、過去に音楽ＣＤの海賊版をなくすためコピーできないＣＤが製造されました。しかし、音楽をコピーできないことに不便を感じた利用者はそもそもＣＤを購入することをやめてしまい、結果的にＣＤの売上に悪影響を及ぼしました。YouTube もかつては「違法アップロードの場だからもっと厳しく取り締まるべき！」と考えられていましたが、違法でありながらも楽曲の宣伝を行い売上拡大に貢献してくれるため、現在は多くの人たちが楽曲のプロモーションツールととらえています。

　以上、田中准教授の論文の要約が長くなりましたが、音楽教室からも使用料を徴収することは、利用者を音楽から遠ざける結果を招くことを具体例で説明しましょう。

　一つは Q.5 で紹介した葬儀で故人の好きだった曲を流せなかったミュージシャンの佐藤龍一さんの例です。JASRACの管理が厳しいために葬儀会社は慎重になり過ぎて、著作権切れの民謡まで断ってしまいました。

　もう一つは、Q.14と15で紹介したダンス教室に関連する話です。2004年の名古屋高裁判決で少数の会員相手でも公衆に対する演奏に当たり、無許可の演奏は著作権侵害に当たるとされたため、ダンス教室は使用料を支払っています。ところが、生徒数の少ない教室などから負担を訴える声が出たため、日本ボールルームダンス連盟は著作権切れの古い曲ばかり集めたＣＤを用意しています。

　今回の裁判でも JASRACの主張が認められ、音楽教室が使用料を支払わなければならなくなった場合、同じようなことが起こるおそれは十分あります。ダンス教室に通う大人と違って、音楽教室に通う子どもの場合、今流行っている曲が弾けないようでは音楽に対する興味を失って、教室に通うのをやめかねません。

以上、二つの事例からも著作権を保護しすぎると萎縮効果を招いてしまい、「過ぎたるはなお及ばざるがごとし」になることがおわかりいただけたかと思います。
　もちろん、著作権で創作者をまったく保護しないのも問題ですが、過保護にしてしまうと創作者自身も不利益を被ってしまいます。そのため、JASRACが音楽教室からも使用料を徴収することが逆効果にならないか。もう一度考え直す必要があります。

Q.22 YouTubeが世界で成功した2つの理由って何?

A.

YouTubeが世界で成功できたのは、フェアユースとDMCAが味方したから!

Point.

◇ YouTube成功のカギはフェアユースとDMCA（デジタル・ミレニアム著作権法）。
◇ DMCAとは権利者の削除要請に対して、情報の発信者が異議を申し立てれば、削除したコンテンツを復活できる法律。

―解説―

YouTubeが世界的にヒットした要因はフェアユースにもありますが、同時に味方してくれたのが1998年に制定されたデジタル・ミレニアム著作権法（Digital Millennium Copyright Act, 以下、「DMCA」）です。

DMCAの大きな特徴が、検索エンジン、動画サービスなどのサービス・プロバイダーは著作権侵害の責任を負わなくてもいいという条項を盛り込んだところ。この条項は、ネット関連サービスの発展に大きく寄与しました。DMCAではプロバイダーは法律に定める要件を満たしていれば、責任を免除されます。具体的には、「①著作権者から侵害の通知を受けたら、コンテンツを削除して、情報の発信者（動画などのコンテンツをアップロードした人）に通知」「②情報の発信者から『再アップロードしてほしい』という要請があれば、復活要請があった旨、著作権者に通知した後、情報を復活」という手続きが認められたのです。

例えば、2007年、1歳半の息子レンツ君が流れてきた音楽に合わせて踊る29秒間のビデオを母親が撮影して、YouTubeにアップしました。ビデオは2017年12月までに190万回もアクセスされましたが、この動画に対して楽曲の著作権を管理するユニバーサルミュージック（以下、「ユニバーサル」）がYouTubeに削除するよう求めました。YouTubeは動画を削除後、その旨を母親に通知。通知を受け取った母親が「削除しないでほしい」と要請したので、、YouTubeは動画を復活させました。いずれもDMCAに従った手続きです。

同時に母親はユニバーサルの"不実の表示"によってコンテンツを削除されたとして、ユニバーサルに対して訴訟を起こしました。

不実の表示とは、「これはフェアユースにあたらない違法コン

テンツである」と誠意を持って信じた上で削除を要請すること。この表示をした者（ここではユニバーサル）は、それによって損害を受けた者（ここでは母親）に対して損害賠償責任を負わなくてはなりません。

　2015年、カリフォルニア北連邦地裁は母親の主張を認め、ユニバーサルは削除要請を出す前にフェアユースにあたるかどうかチェックすべきであったとしました。

　権利者にとっては酷なようですが、フェアユースであれば侵害にはならないため、フェアユースかどうか確認せずに、「これはフェアユースにあたらない違法コンテンツである」と誠意を持って信じた旨を記した上で削除要請してしまうと、"不実の表示"をしてしまうことになります。

　日本では、母親がレンツ君のように踊っている子どものビデオを動画共有サイトに投稿した場合、フェアユース規定がないため、権利者が削除してほしいと言えばプロバイダーは当然削除します。そのため、動画は190万回も再生されることなくお蔵入りになってしまいます。

YouTubeにアップされたレンツくんの動画 (出所：YouTube)

Q.23
なぜ権利者や出版社はコミケや同人誌を訴えない?

A.

「お目こぼし」をすることで裾野を広げ、新たなクリエイターが育つことを期待しているため!

Point.

◇ 同人誌などの二次創作を続けられるかどうかは、フェアユースがない限り、出版社や権利者の「お目こぼし」頼みである。
◇ 現状を脱するには、フェアユース規定などでより自由に二次創作できる環境を作ることが重要。

―解説―

　Q.17で紹介した川内議員は、欧米は著作権の保護を「おおらかにしておいたほうが文化が発展するということを民族の深層心理としてわかっているんですよ」と指摘しています（田口宏睦『JASRACに告ぐ』晋遊舎ブラック新書）。

　日本にもこうした知恵はなくはありません。例えば、同人誌は元作品のキャラクターを使った二次創作作品が多いです。フェアユースのない日本では、こうした二次創作は著作権者の許諾を得ないと著作権侵害になります。

　では二次創作の制作者は法律を守るためにいちいち著作権者の許諾を得ているのでしょうか。同人誌やネットの世界には許諾を取らず利用していると思われるコンテンツがたくさんあります。権利者が許諾なしの利用に気づかないケースもありますが、気づいていて黙認しているケースも少なくありません。

　権利者はなぜ黙認しているのでしょう。これについては漫画家の赤松健氏のコメントが参考になります。赤松氏は「スポーツでも何でもアマチュアの裾野が広いほど、プロは強くなります」と指摘します（2013年4月7日号、サンデー毎日）。確かに、著作権者や出版社がお目こぼしをするのは、裾野を広げて、将来、金の卵を産むクリエイターを育てるという狙いもあります。

　同人誌市場は年間732億円に上ります（2013年度、矢野経済研究所の調査より）。毎年、夏と冬に東京ビッグサイトで開催されるマンガやアニメの同人誌を発売するコミックマーケットは10年連続で、入場者数50万人を超えました。権利侵害を大目に見ることによってまず市場を育て、市場が育ったら回収する作戦が成功しているようにみえます。

　しかし、著作権者が黙認しているケースは法律用語では"黙示の許諾"と呼ばれる、暗黙の了解で、いわば「お目こぼし」です。

仮に暗黙に了解されていると推測して、無断で使用しても著作権者が「お目こぼし」せずに権利を主張したら、投稿者は著作権を侵害したことになってしまいます。だからこそ、フェアユース規定などでより自由に二次創作できる環境を作ることが重要なのです。

Q.24
TPPや共謀罪が、マンガ・アニメ・コミケ文化を崩壊させる?

A.

法律の運用次第では、何が起こるかわからない!

Point.

◇ TPPの交渉中に、著作権者の同意がなくても、著作権法違反を罰せられるようにする法整備をアメリカから求められた。
◇ 共謀罪の国会審議でも、政府は個別具体的な事案に対しては答弁しなかったため、個別の事案に法律がどう適用されるかわからない。

―解説―

　もし著作権者がお目こぼしをせず「使用料を払え！」と二次創作（次問で解説するパロディも含まれます）についても言い始めたらどうなるのでしょう。そんなリスクが明るみに出たのがTPP加盟です。

　TPPとは「環太平洋戦略的経済連携協定」のこと。カナダ、オーストラリア、マレーシア、ベトナム、メキシコ、ペルー、シンガポール、ニュージーランド、チリ、ブルネイ、日本の11カ国が加盟（2018年1月時点）しており、簡単にいってしまえば、この11カ国の間だけで通じる新たな貿易上のルールを作り、経済を活性化させようという協定です。

　ニュースでは農業や医療の問題が取り上げられることが多いですが、著作権もTPPと無関係ではありません。

　アメリカ（2017年1月離脱）はTPP交渉の際に、日本に著作権法の非親告罪化を求めました。日本では「著作権法違反だ！」と訴えることができるのは被害者（著作権者）のみです。このことを「親告罪」といいます。「非親告罪」になると被害者が訴えなくても、検察が容疑者を逮捕できるようになります。もし著作権法が非親告罪になったら、今まで著作権者がお目こぼししてきた二次創作を検察が代わりに起訴できます。すると今まで罰せられなかった二次創作に対して、10年以下の懲役もしくは1000万円以下の罰金またはその両方が科せられてしまうかもしれないのです。そのような心配があるため、2015年10月に二次創作については非親告罪としないことで決着がつきましたが、二次創作が合法化されていないため、このような問題が起きたことはぜひ知ってもらいたいです。

　しかし、一難去ってまた一難。二次創作は新たな難局を迎えました。それが2017年に成立した「共謀罪」です。共謀罪とはテ

ロ組織などの組織的犯罪集団に対し、犯罪を計画し、資金調達などの準備行為を行った時点で処罰できる法律です。つまり、今までは犯罪を実行しない限り罰せられることはありませんでしたが、共謀罪の成立によって犯罪を計画した時点で罰せられるようになったのです。

共謀罪が適用される犯罪は277および、その中には著作権法も含まれています。なぜかというと組織的犯罪集団が海賊版など違法コピーしたＣＤやＤＶＤを販売して犯罪の資金源にしようとするかもしれないからです。

共謀罪は組織的犯罪集団に適用されますが、この組織的犯罪集団とはどのような集団を指すのかがあいまいなため事態は混乱しています。

2017年の3月、参議院にて民進党議員が「漫画サークルのメンバーが著名な漫画家のパロディを作り、コミケに出品しようとしたら、共謀罪が成り立つか」という質問をしました。しかし、政府から具体的な答えは返ってきませんでした（2017年6月14日付、朝日新聞）。5月には民進党の逢坂議員が質問主意書にて、なぜ一般の人々が共謀罪の捜査対象にならないと言い切れるのか、といった旨を問いただしましたが、安倍首相は「本件答弁にいう『一般の方々』に当たるかどうかとは観点が異なり、お尋ねにお答えすることは困難である」と答弁書にて回答しています（質問主意書、答弁書とも衆議院ホームページより）。

その後「コミケは犯罪集団に該当しない」とも答弁しましたが、法の運用次第では、どのような事案が発生してもおかしくはない状況です。

Q.25 パロディも日本ではまだ合法化されていない? 諸外国はどう?

A.

日本ではパロディも合法化されていない。諸外国は個別の権利制限規定やフェアユースを使って合法化されている!

Point.

◇ パロディを合法化する手段として、「著作権法の改正」と「著作権法の解釈・運用の変更」がある。

◇ 諸外国は主に個別の権利制限規定やフェアユースを導入することで著作権法を改正し、パロディを合法化している。

―解説―

　同人誌が元作品のキャラクターを使った二次的著作物であるのに対し、元作品を題材として新たな作品を作る二次的著作物にパロディがあります。

　このパロディも、日本ではまだ合法化されていません。パロディを合法化する方法はいくつかあり、まず「著作権法の改正」と「著作権法の解釈・運用の変更」に大別されます。著作権法を改正する場合は、さらに二分され、パロディについての個別の権利制限規定を設ける方法と、パロディにかぎらず著作物を使用する目的がフェア（公正）であれば、著作権者の許諾なしの利用を認めるフェアユース規定を設ける方法があります。

図表4　パロディを合法化する方法

方法		メリット	デメリット
著作権法の解釈・運用の変更による方法		法改正が不要	・引用の規定を適用することが考えられるが、最高裁が引用について厳しい要件を定めた1980年の判決を変更する必要がある ・黙示の許諾を広く認める方法もあるが、黙示の許諾は認められにくい
著作権法の改正による方法	個別の権利制限規定を設ける方法	パロディを明確に合法化できる	法改正が必要
	フェアユースのような一般的な権利制限規定を設ける方法	著作物の利用形態の変化に柔軟に対応できる	法改正が必要

　個別の権利制限規定による解決法は、フランス、スペイン、スイス、ベルギー、オランダなどヨーロッパ大陸諸国とブラジル、

オーストラリアが採用しており、2010年以降、カナダ、イギリス、香港も権利制限規定を追加しました。フェアユース規定はアメリカが元祖ですが、Q.2のとおり今世紀に入ってアメリカ以外にも急速に普及しつつあります。

パロディについての個別の権利制限規定の導入を検討した、文化審議会著作権分科会法制問題小委員会パロディワーキングチーム（以下、「WT」）は2013年に報告書をまとめました。報告書内では、著作権法の解釈・運用を変更することで解決しようとしています。

しかし、1980年のパロディモンタージュ写真事件で、最高裁はパロディは非合法であるという判決を下しています。法の解釈を変更するには、最高裁が新たに「パロディは合法である」という判決を下すのを待つしかありません。しかし、モンタージュ写真事件からすでに37年経過していますが、そのような判決はまだ下されていません。WT報告書は黙示の許諾を広く解釈する方法も提案していますが、黙示の許諾は、いわば「お目こぼし」ですから、著作権者が「お目こぼし」しなければ利用者は著作権を侵害するリスクがあります。「お目こぼし」頼みだからこそ、前問のとおり、TPP加盟や共謀罪導入などパロディや二次創作に影響を及ぼしそうな法案が審議されるたびに心配されるわけです。

このような解釈・運用による解決の限界を克服するには著作権法を改正するしかありません。ところが、WTは急速な時代の変化に対応できないとの理由で個別の権利制限規定による解決策を否定しています。

こうした状況にも柔軟に対応できるようになるにはどうすればいいか。言わずもがな、フェアユース規定を採用するしかないでしょう。フェアユース規定があれば時代の変化にも柔軟に対応できます。Q.32で後述するとおり、アメリカの最高裁は1994年の最高裁判決で、商用利用であっても変容的利用（transformative use)、つまり別の作品をつくるための利用であるとして、パロディにフェアユースを認めました。それまでフェアユースを認定する際に重視していた利用の目的を商用利用重視から、変容的利用重視に変更したのです。このように時代の変化に柔軟に対応できるところがフェアユースの大きな魅力といえます。

第4章 何が違う? 日本と海外の著作権法

Q.26 外国では音楽はパロディ動画で売るのが主流って本当?

A.

本当! パロディ動画のおかげで大ヒットした歌手もいる!

Point.

◇ イギリスの報告書によると、パロディ動画はMV(ミュージックビデオ)の売上アップに貢献している。
◇ カーリー・レイ・ジェプセン「コール・ミー・メイビー」、ピコ太郎「PPAP」など、パロディで大ヒットした楽曲はたくさんある。

―解説―

　英国知的財産庁は、2013年に「パロディの著作権と経済効果－ユーチューブにおける音楽ビデオの実証的研究および政策オプションについての評価」と題する報告書を発表しました。報告書は2011年にトップ100入りしたシングル・チャート343曲をサンプルに選び、YouTubeにアップされたパロディ・ビデオを分析した結果、以下の事実が判明しました。

① 1曲平均24件のパロディが投稿されていることから、パロディが非常に重要な消費者行動となっている。
② パロディ・ビデオの存在と商業用音楽ビデオの売上が正の相関を示していることからパロディが楽曲の市場を奪っている事実はない。
③ 全部で8299のパロディ・ビデオからYouTubeは最大で200万ポンド（2億5600万円）、パロディ創作者はYouTubeとのパートナー・プログラムによって最大で110万ポンド（1億4100万円）を稼いだと推定される。

　こうした分析結果から、報告書は商用パロディを認めて、経済を成長させるべきだと結論づけました。これを受けてイギリス議会は、2014年にパロディの合法化を盛り込んだ著作権法改正を行いました。
　英国知的財産庁の調査は、2011年にトップ100入りしたシングル・チャート曲のYouTubeにアップされたパロディ・ビデオを分析したものですが、2012年にはパロディ・ビデオで新曲を大ヒットさせた歌手が誕生しました。カナダの歌姫、カーリー・レイ・ジェプセンさんです。女の子が一目惚れした男性からの電話を心待ちにするという歌詞の曲、「コール・ミー・メイビー」

を、カナダ出身の人気歌手ジャスティン・ビーバーさんが恋人と一緒に口パクで歌うパロディ動画を作ってYouTubeに投稿したことで、大ヒットしました。その後も、ロンドン五輪のアメリカ競泳チームなどが口パク動画を発表するなどパロディ動画が続々と作られ続けたため、この曲は2012年のiTunesストアの年間ダウンロード1位を獲得しました。

　ジャスティンさんは2016年夏、日本人歌手のピコ太郎さんが音楽に合わせてリンゴとパイナップルにペンを突き刺す動画「PPAP（Pen Pineapple Apple Pen）」をYouTubeにアップした際、お気に入り動画に書き込みました。これによってPPAPは大ブレークします。

　このようにソーシャルメディアの普及により、音楽も著作権者の権利を主張するより、パロディ動画を世界中で作ってもらい、グローバルに売る時代になっています。こうした世界的な潮流に乗り遅れないためにも日本はパロディを早急に合法化すべきです。

Q.27 欧米版同人誌作家が1年で100億円稼ぐベストセラー作家になったって本当?

A.

イギリスの同人誌作家E・L・ジェイムズは1年で104億円稼いだ！

Point.

◇ 2011年にステファニー・メイヤーのベストセラー小説『トワイライト』の同人誌として電子出版された、E・L・ジェイムズの『フィフティ・シェイズ・オブ・グレイ』3部作は、映画化されるほどのヒット作に。
◇ 日本の同人誌は700億円を超える市場があるため、合法化すればヒット作が生まれる可能性は十分にある。

―解説―

　同人誌は元作品のキャラクターを使った二次創作作品が多いです。日本の同人誌市場は年間732億円に上りますが（2013年度、矢野経済研究所の調査より）、世界を見渡すと一人で年間100億円以上稼ぐ同人誌作家がいます。

　フォーブス誌が2013年に世界で最も稼いだ作家のトップにあげたのは、イギリスのファンフィクション（同人誌）作家、E・L・ジェイムズ。彼女は推定で9500万ドル（104億円）稼ぎました（2015年2月8日付、ヘラルドサン紙日曜版）。

　ジェイムズは2011年にステファニー・メイヤーのベストセラー小説『トワイライト』のファンフィクション『フィフティ・シェイズ・オブ・グレイ』3部作を電子書籍で出版しました。宣伝もしないのにクチコミで25万部も売れると大手出版社からアプローチを受け、アメリカのランダムハウス系の出版社から出版。その後『ダ・ヴィンチ・コード』『ハリー・ポッター』を超える史上最速でベストセラーになり、映画化もされました。2012年、ジェイムズはタイム誌の「世界で最も影響力のある100人」にも選ばれました。

　本作の成功以来、海外では大御所作家らがファンフィクション界に進出。ヒット作を連発しています。

　しかし日本では本作のような同人誌的な作品が大きな成功を収めたことはありません。その最大の理由が、日本の同人誌は厳しい引用の要件を満たさないかぎり、原作者に訴えられたら、訴訟で負けてしまうからです。そのため、同人誌作家がマスメディアに掲載されるなど日の目を見る機会はほとんどありません。日本も二次創作を合法化したら、長らく不況にあえぐ出版業界にとって救世主となるかもしれません。その可能性を秘めた同人誌市場をもっと活性化すべきです。

Q.28

クールジャパン戦略にもかかわらず、日本の著作権貿易収支は赤字を拡大し続けているって本当？

A.

日本の著作権貿易収支は、赤字拡大に歯止めがかかっていない！

Point.

◇ 日本政府は2011年から「クールジャパン戦略」政策を掲げ、2020年にはクールジャパン関連産業の売上高を17兆円にするという目標を示している（2009年は4.5兆円）。

◇ にもかかわらず2009年以降、著作権関連の貿易収支は赤字を拡大し続けている（2016年は約8500億円の貿易赤字）。

―解説―

「クールジャパン」という言葉は、アメリカ人ジャーナリスト、ダグラス・マッグレイ氏が「中央公論」2003年5月号に発表した「世界を闊歩する日本のカッコよさ」という論文で使ったのが始まりです。その後、政府も「クールジャパン戦略」という言葉を使い、クールジャパンに関する政策や提言を打ち出し始め、「知的財産推進計画2011」では、2009年には4.5兆円だったクールジャパン関連産業の売上高を2020年には17兆円にするという目標を示しました。

　クールジャパン関連産業はファッション、食、コンテンツ、観光の4分野ですが、このうちコンテンツの分野が関係する日本の著作権貿易収支は、図表5のとおり、2009年以降赤字を拡大し続けています。

　赤字拡大に歯止めがかからない理由の一つに、二次創作が著作権法のため商業的に発展していないことがあります。著作権者の許諾を得ないコンテンツの多い同人誌、コミケなどの二次創作は依然として、違法のままです。このため、TPP加盟、共謀罪の導入など二次創作がしにくくなるおそれのある法改正が行われるたびに二次創作への影響が心配され、Q.24のとおり、国会やネットでの議論に発展しています。

　対照的に海外では、本章で紹介したとおり、YouTubeへのパロディ動画の投稿でヒット曲を生み出すミュージシャンや欧米版同人誌で年間100億円稼ぐ作家など、二次創作が一大ビジネスに育っています。

　恩恵を受けているのはクリエイターだけではありません。二次創作も含めてユーザーの創造力を活用した企業も業績を上げています。具体的には、ユーザーの投稿動画で一大メディアに急成長したYouTube、ユーザーの開発したアプリでiPhone、iPadを大

ヒットさせたアップルなどが挙げられます。

　日本も二次創作を合法化することによって、クールジャパン戦略を軌道に乗せ、著作権貿易収支の赤字拡大を食い止めるべきです。

図表5　日本の著作権貿易収支の推移

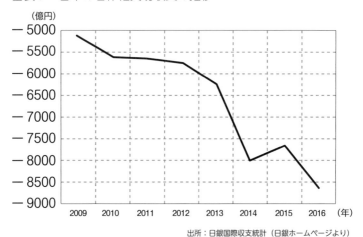

出所：日銀国際収支統計（日銀ホームページより）

第 5 章

日本の
イノベーションをも
邪魔する著作権法

Q.29 著作権法が殺したウィニー。「10年に一度の傑作」だったって本当?

A.

法執行機関の勇み足のせいでウィニーは改良禁止＆利用自粛に追い込まれた！

Point.

◇ ウィニーとは2002年に金子勇氏が開発したＰ２Ｐ技術を利用したファイル共有ソフト。
◇ ウィニーを使った事件をきっかけに、ウィニーの開発者である金子氏も逮捕され、その結果、日本の技術者を萎縮させてしまった。

―解説―

　皆さんは「ウィニー」というソフトウェアをご存じでしょうか。
　ウィニーとは、2002年に当時、東京大学大学院特任助手であった金子勇氏が開発したＰ２Ｐ技術を利用したファイル共有ソフトのこと。Ｐ２ＰとはPeer to Peerの略で、「仲間から仲間へ」という意味。名前の通り、コンピューター同士を直接接続して、お互いの持つ情報をやり取りする通信方式です。このソフトは「日本のインターネットの父」とよばれる、村井純慶應義塾大学教授が「ソフトとしては10年に一度の傑作」と評価するほど画期的なソフトでした（2004年5月25日付、日経産業新聞）。
　ところが、2003年、ユーザー二人がウィニーを利用して、他人の著作物をネット上にアップしたため、著作権法違反の容疑で逮捕されました。さらに2004年には、ウィニーの公開・提供行為が二人の正犯による犯行を幇助（手助け）したとの容疑で、金子氏自身も逮捕、起訴されました。
　包丁の場合、犯罪に使われたとしても罪に問われるのは制作者ではなく、使用者です。ところが検察は「ソフト開発と配布によって、著作物を違法に流通した二人の正犯の犯罪行為を幇助した」として、金子氏の有罪を主張。第一審の京都地裁（2006年）は幇助罪の成立を認める判決を下しました。しかし、大阪高裁（2009年）は逆転無罪とし、最高裁（2011年）も高裁の無罪判決を支持しました。判決は法執行機関の捜査、起訴に対して「性急に過ぎたとの感を否めない」とコメントしました。
　同じような事件を未然に防ぐために法執行機関は早急に捜査、起訴して、有罪を主張したのかもしれませんが、このことがイノベーションに与えた悪影響はとても大きかったです。なぜなら金子氏が逮捕された後、ウィニーは改良を禁じられ、欠陥を修正できなくなりました。これにより、問題はさらに深刻化しました。

一般的にソフト開発ではまずベータ版（試作品）を出して、バグ（欠陥）やセキュリティーホール（安全上の弱点）を利用者に指摘してもらい、改良して、完成版にしていきます。しかしウィニーは2004年に金子氏が逮捕された後、この作業がストップしたため、自衛隊や裁判所、刑務所、病院といった公的機関の情報が大量に流出したままになり、回収不能となりました。その結果、2006年、当時の安倍官房長官は国民にウィニーを使わないよう呼びかけ、ウィニーはすっかり悪役になってしまいました。

　村井教授は「著作権侵害やウィルス感染の放置は、そもそもやってはいけない行為だ。そうしたことをやめさせるために、道具そのものの使用を禁止するとか、改良してはいけないというのは、望ましい社会のあり方とは思えない」（2006年4月19日付、朝日新聞）とも指摘しています。

　著作権法に詳しい岡村久道弁護士も「著作権法という枠組みで、科学技術の将来が決められてしまっていいのか。いささか乱暴ではないか」と疑問視しています（2004年6月28日付、INTERNET Watch）。

Q.30 欧米版ウィニーやウィニーが採用する技術を開発した技術者たちは億万長者になったって本当？

A.

欧米版ウィニーを開発した技術者たちは最終的に 2000 億以上儲けている！

Point.

◇ 欧米版ウィニーを開発した二人の技術者は、Ｐ２Ｐ技術を活用してスカイプを開発。後に米ネットオークション大手イーベイに会社を売却して 26 億ドル（2886億円）を得た。
◇ Ｐ２Ｐ技術自体を開発したアメリカの二人の技術者も億万長者になった。

―解説―

 2012年4月、千葉市・幕張メッセで金子氏の講演を聴いた私は、質問に先立って金子氏に次のような言葉を贈りました。
「金子さんは日本人に生まれて不幸だったかもしれません。なぜなら、欧米版ウィニーを開発した北欧の技術者は、金子さんのように後ろ向きの裁判に7年半も空費させられることなく、その後、無料インターネット電話のスカイプを開発して、億万長者になったからです」
 ただ、その時はまだ金子氏が若かったので、失った時間もこれから十分取り戻せるだろうと思っていました。まさか、その1年ちょっと後に42歳の若さで急逝するとは、夢にも思いませんでした。
 同じ技術を開発して億万長者になった技術者は、スウェーデン人のニクラス・センストロム氏とデンマーク人のヤヌス・フリス氏。二人は2001年に欧米版ウィニーの「カザー」を開発。その後、インターネット通話のスカイプを開発すると、カザーの技術を売却し、2003年にスカイプ社（本社・ルクセンブルク）を設立しました。スカイプを使用すると、利用者同士が無料で国際通話ができることから、同社は急成長を遂げました。
 2005年に二人はネットオークション大手のイーベイに26億ドル（2886億円）でスカイプ社を売却し、億万長者となりました。
 億万長者になったのは北欧の技術者だけではありません。P2P技術自体を開発したアメリカの技術者も億万長者になっています。1998年、ボストンにあるノースイースタン大学の1年生だったショーン・ファニング氏は、P2P技術を使ってナップスターを開発しました。これはPeer to Peer（仲間から仲間へ）の名前のとおり、仲間同士で音楽を共有するソフトでしたが、公開すると仲間内ではおさまらず、大学を中心に一気に広まりました。

翌1999年、彼は大学を中退してナップスター社を設立。シリコンバレーの投資家を獲得すると、会社をカリフォルニア州サンマテオに移し、1歳年上の共同創立者ショーン・パーカー氏とともに西海岸に移住しました。ファニング氏は2000年10月にはタイム誌の表紙に掲載されるなど時の人になりました。

ナップスターは無料で音楽をダウンロードできることから、急速にユーザーを増やしました。しかし、著作権者の許諾を得ずにダウンロードされる音楽も多かったため、全米レコード協会（RIAA）が著作権侵害訴訟を起こしました。2001年、第9巡回区控訴裁判所はナップスターの著作権侵害を認める判決を下しました。このため、ナップスターはサービスの停止（2001年）、会社清算（2002年）に追い込まれました。

ナップスターがビジネス化に失敗する中、音楽配信サービスの将来性を見抜いたのがアップルのスティーブ・ジョブズ氏です。2001年に携帯音楽プレイヤー iPod を発売して布石を打ち、2年後の2003年に音楽配信サービス iTunes ストアを立ち上げました。

それまで聴きたい曲がたった1曲しか入っていないＣＤに20ドル（2260円）も払わされていた利用者に、1曲99セント（112円）でネット配信するサービスが受けないはずはなく、音楽配信サービスは一気に普及しました。

事業化に成功したのはジョブズ氏ですが、ＣＤという媒体に依存していた音楽の流通システムを根本的に変えるきっかけをつくったのは二人のナップスター創業者です。彼らの物語は、2013年に「ダウンローデッド」という映画になりました。パーカー氏はフェイスブックの創業にも貢献し、初代社長も務めました。このため、2010年にフェイスブックの興隆を映画化した「ソーシャル・ネットワーク」にも登場しています。フェイスブック以外のベンチャー企業にも投資し、純資産は20億ドル（2260億円）に上ると報じられています（2015年2月19日付、EFYTimes）。

ファニング氏も最近脚光を浴びているウーバーなどのベンチャー企業に投資し、億万長者となっています。

　海外の技術者たちが開発したソフトをビジネス化して大儲けしたのに対し、金子氏は気の毒だったと言わざるを得ません。ソフトを開発しただけにもかかわらず逮捕され、一審では有罪判決を下され、最高裁で無罪判決を勝ち取るまで7年半も空費してしまったからです。しかも、ただのソフトであるウィニーは"悪者扱い"です。

　Q.2と3で紹介した日本の厳しい著作権法とそれを厳しく適用する司法当局（警察、検察など）が、欧米では花を咲かせたイノベーションの芽を摘みとってしまったのです。

第5章 日本のイノベーションをも邪魔する著作権法

Q.31 フェアユース産業がアメリカ経済を成長させたって本当?

A.

本当! 今アメリカではフェアユース産業が活況を呈(てい)している!

Point.

◇ アメリカではフェアユース産業が2014年までの4年間でGDPを超える22％の伸び率を示した。

◇ フェアユースのおかげで、過去にネット検索事業や録音・録画機器の製造メーカーなどが大きな利益を上げている。

―解説―

アメリカではフェアユース関連産業によって、経済も成長しています。米国コンピューター通信産業連盟の報告書の分析結果を図表6にまとめましたので、見ていきましょう。

図表6　フェアユース関連産業のアメリカ経済への貢献

分析結果
アメリカのフェアユース産業は • アメリカ経済の16％を占める。 • 2014年の売上は5.6兆ドル（633兆円）で2010年の4.6兆ドル（520兆円）に比べて22％増えた。 • 4年間に100万人の雇用を増やし、雇用者の8人に1人にあたる1800万人を雇用している。 • 4年間に生産性を年率3.2％向上させた。 • 4年間に輸出を21％伸ばし、2014年には3680億ドル（42兆円）に達した。

出所：米国コンピューター通信産業連盟（CCIA）
『米国経済におけるフェアユース―フェアユース関連産業の経済的貢献』（CCIAホームページより）

アメリカのＧＤＰは2010年から2014年までの間に16.5％増えていますが、上記の表から、フェアユース産業は売上、輸出ともそれを上回る20％台の伸びを示していることがわかります。

図表7　ＧＤＰの日米比較

	2010年	2014年	伸び率
アメリカ（ドル）	14兆9644億ドル	17兆4276億ドル	16.5％
日本（ドル）	5兆7001億ドル	4兆8487億ドル	▲14.9％
日本（円）	500.4兆円	513.7兆円	2.7％

図表7では日米のＧＤＰ伸び率を比較しています。日本はなんと14.9％減。円安が進行したことも影響していますが、円ベ

ースで見ても4年間で2.7%しか増えていません。

　報告書はフェアユース産業の例として、

①個人用の複製、録音・録画機器の製造メーカー

②教育機関

③ソフト開発事業者

④ネット検索やウェブホスティング事業者（レンタルサーバー事業者）

をあげています。

　まず④のアメリカのネット検索事業がフェアユース規定の恩恵を受けて急成長を遂げたことは、Q.2で紹介したとおりです。

　また上記を見て、なぜ①の個人用の複製、録音・録画機器の製造メーカーがフェアユース産業に分類されるのか疑問に感じた方もいるでしょう。

　これは、Q.3で紹介したように1988年、日本の最高裁はクラブキャッツアイ判決で、楽曲を歌う「客」だけでなく、歌う場を提供した「カラオケ店主」も著作権の侵害者であると拡大解釈できるカラオケ法理を生み出しました。その後も様々なシーンでカラオケ法理は適用され、新技術・新サービスの開発にブレーキをかけました。

　対照的にアメリカでは同じ1980年代に、その後のハイテク業界にとって画期的な判決が出ました。これが家庭用ビデオテープレコーダー（ＶＴＲ）「βマックス」を売り出した米国ソニーに対し、映画会社ユニバーサルスタジオが著作権侵害で訴えた訴訟です。著作権を侵害する録画行為を行うのはユーザーですが、ユニバーサルスタジオは違法録画を可能にする機械を開発・販売したソニーを著作権侵害に加担したと主張しました。ソニーは「テレビ番組の録画は昼間録画しておいて、夜に観る、つまりタイムシフティングしているだけなので、フェアユースにあたる」と反論。1984年、アメリカの最高裁はこれを認め、ソニーは著作権

侵害に加担していないとする判決を下しました。

　判決から16年たった2000年、ナップスター社のハンク・バリーＣＥＯは、議会で「ＶＴＲが85％の家庭に普及したにもかかわらず、映画業界は1999年に史上最高の興行収入を記録した。同時にＶＴＲ向けビデオでも売上の半分以上を稼いだ」と証言しました。映画会社にとっては「負ける（裁判）が勝ち（商売）」だったわけです。

　このようにフェアユース関連産業が経済成長を引っ張り、雇用創出や輸出にも貢献しているアメリカにならい、Q.2のとおり、最近、フェアユースを導入する国が急増しています。その中でも注目されているのがイスラエルです。国民一人あたりの起業会社数が世界一多く、「起業国家」とよばれるぐらい、国をあげてイノベーションを奨励し、起業促進に取り組んでいます（ピーター・デチェルニー著、城所訳「グローバル化するフェアユース」『GLOCOM Review』国際大学GLOCOMホームページより）。

　このため、アップル、グーグル、マイクロソフトなど米ＩＴ大手が、買収候補のベンチャー企業を求めてイスラエル詣でをしています。

017
Q.32
小保方事件のとき、なぜ日本の教育・研究機関は一斉に米社のサービスに走った？

A.

アメリカはフェアユースのおかげで、より多くの論文のコピペをチェックできるサービスを開発したから！

Point.

◇ 日米の主な論文剽窃(ひょうせつ)検出サービスは、日本はアンク社、アメリカはターンイットイン社。アンク社はオプトイン（原則許諾）、ターンイットイン社はオプトアウト（原則自由）のため、ターンイットイン社のほうが膨大な論文をデータベース化できている。

◇ 検索エンジンもオプトイン（原則許諾）で対応したために、日本市場までオプトアウト（原則自由）の米国勢に制覇されてしまったが、論文剽窃検出サービスもその二の舞を演じた。

—解説—

　2014年、STAP細胞論文でコピー＆ペースト疑惑が発覚した小保方事件をきっかけに論文剽窃検出サービスが脚光を浴びました。「剽窃」は「盗作」、「盗用」などともよばれますが、最近の言葉でいえばコピペで、論文剽窃検出サービスは学生の提出論文が他の論文をコピペしていないか検出するサービスのことです。小保方事件発生後、日本の代表的サービスに問い合わせが殺到しました。

　日本の代表的サービスはアンク社の「コピペルナー」とよばれるコピペ判定支援ソフト。同社のホームページでは、「インターネット上の文章・文献集・過去レポートのコピペチェックと、指定された全てのレポート同士のコピペチェックを一括処理します」と紹介しています（アンク社ホームページより）。

　アメリカの代表的サービスはターンイットイン社のサービス。同社のホームページでは、620億のウェブページをインデックス（索引）化していると数字をあげて紹介しています。さらに7億3400万件の学生レポート、1億6500万件の雑誌論文と学術論文をデータベース化しているとしています（ターンイットイン社ホームページより）。

　私も大学で教えた経験から、ゼミなどでレポートを提出させる際、頭を悩ませたのはコピペ対策なので、7億3400万件の学生レポートをデータベース化しているというのには驚きました。なぜターンイットイン社はこれだけ膨大な量の論文を集められたのでしょうか。それは、ターンイットイン社が生徒の許可なしに提出レポートをデータベース化したことに対し生徒が訴えた事件で、同社のフェアユースを認める判決が出たからです。

　事件は高校がコピペ論文をチェックするために生徒の許諾を得ずに提出論文をターンイットイン社に提供。同社は提供してもら

った論文をデータベース化して、剽窃論文をチェックできるようにしていました。許諾なしに論文をデータベース化された生徒がターンイットイン社を訴えましたが、バージニア州リッチモンドの連邦高裁はターンイットイン社のフェアユースを認めました。

　アメリカの著作権法はフェアユースを判定する際に、考慮すべき要素を4つあげています。そのうちの一つである「利用の目的および性格」では、条文のかっこ内に「利用が商業性を有するか……」を含むとあります。しかし、アメリカの最高裁は1994年、商用利用でも変容的利用、つまりパロディという別の作品をつくるための利用であるとして、フェアユースを認めました。それ以来、裁判所は商用目的でも変容的利用であればフェアユースを認めています（Q.25参照）。この裁判でも連邦高裁はターンイットイン社による論文の利用は、商用利用であっても、剽窃を検出して防止することを目的とした利用なので、変容的利用であるとして、フェアユースを認めたのです。

　コピペルナーの商品説明にはデータベース化した学生レポート、雑誌論文・学術論文の数についての記述はありません。それどころかアンク社は、データベース化する際には権利者の許諾を得ると明言しています。同社が、2014年11月19日に開催された文化審議会著作権分科会の小委員会に提出した資料に以下の記述があります（文化庁ホームページより）。

☞「将来、弊社のデータベースに論文を保管してチェック対象とする場合は、論文データ・著作権を管理している企業・機関と契約を結んだ後に、契約範囲内の論文データを自社DBに保管し、チェック対象とする予定です。」

　確かに大学が学生の論文をコピペルナーのデータベースに保管して、チェック対象とする場合、大学はアンク社と契約するわけ

ですが、その際、大学は学生の許諾も得ないと日本では著作権侵害のおそれがあります。アメリカでは上記判決によって、教育機関は学生の許諾を得ないでも提出論文をターンイットイン社に提供できるようになりました。このため、同社はすでに7億3400万件の学生レポートをデータベースに収録しています。

データベース化できないと、先輩の論文のコピペなどをチェックできず、論文剽窃検出サービスとしては不完全に終わってしまいます。小保方事件発生後、日本の教育・研究機関がターンイットイン社のサービスに走ったのも当然です。

Q.2のとおり、検索サービスは日本勢がオプトイン（原則許諾）方式で対応したために、オプトアウト（原則自由）方式で対応したアメリカ勢に検索結果の網羅性で差をつけられ、日本市場までアメリカ勢に制覇されてしまいました。論文剽窃検出サービスもその二の舞を演じてしまったわけです。

Q.33
国会図書館よりグーグルのほうが日本の本をよく知っているって本当?

A.

グーグルは日本の国会図書館よりも日本の書籍を網羅している!

Point.

◇ 国会図書館は本の中のキーワードしか検索できないが、グーグルブックスでは本の全文検索ができる。
◇ グーグルブックスは抜粋(スニペット)表示をしてくれるため、簡単な調べものなら書店や図書館に足を運ばなくてもほしい情報を取得できる。

―解説―

　グーグルは出版社や図書館から提供してもらった書籍をデジタル化し、全文を検索して、利用者の興味にあった書籍を見つけ出す、「グーグルブックス」とよばれるサービスを提供しています。

　このグーグルブックスで私の名前を検索すると、国立国会図書館（以下、「国会図書館」）の蔵書検索データベース NDL-OPAC で検索した場合の数十倍の件数がヒットします。NDL-OPAC は単独執筆本が中心ですが、グーグルブックスは、共著はもちろん私の本を紹介してくれた他の著者の本まで探してくれます。

　NDL-OPAC は書籍の中のキーワードしか拾いませんが、グーグルブックスは書籍の全文を検索するので、この差が生じるわけです。日本語の書籍ですら、日本の国会図書館よりもアメリカの一民間企業の電子図書館の方が網羅的に探してくれるのです。

　しかも NDL-OPAC は書籍の存在を知らせてくれるだけで、どんな内容の本なのかはわかりませんが、グーグルブックスは検索語の前後の文章を数行まで表示（スニペット表示）してくれます。

　グーグルブックスに対しては、全米作家協会などが著作権侵害訴訟を起こしました。グーグルは書籍をスキャンして、検索サービスのデータベースを作成しますが、これを著作権者の同意なしに行うことは、著作権者の持つ複製権（著作物を無断で複製してはいけない権利）を侵害すると主張したのです。

　しかし検索結果は「抜粋（スニペット）表示」とよばれ、ウェブ検索同様、検索語を含む数行だけしか表示されません。グーグルは検索データベースを作成するために書籍全体をスキャンしますが、検索結果として表示するのはこのスニペットだけなので、フェアユースであると反論しました。

　2015 年、サンフランシスコ連邦高裁は以下の事実認定にもとづいて、このスニペット表示をフェアユースにあたると認定しま

した。

☞ たとえば、フランクリン・D・ルーズベルトについての論文を書いている学生が、ルーズベルト大統領が小児マヒにかかった年齢を知りたいとする。「ルーズベルト 小児まひ」という検索語でグーグル検索すると、リチャード・テイラー・ゴールドバーグの「フランクリン・D・ルーズベルトの人となり」(1981)に行きあたり、彼が発病したのが1921年であることがわかる。それによって、学生は図書館に出かけたり、書籍を購入する必要はなくなる。しかし、スニペット表示で検索者が得たものは、ゴールドバーグの著作権が及ばない「事実」に過ぎない。著作権が及ぶのは著者の「表現」に対してだからである。

学生のルーズベルトの発病した年齢についての問に対して、グーグルは著作権を侵害せずに回答する権利を持っている。ゴールドバーグの書物の中に埋め込まれた、たった3行の情報を利用することが、著作権で保護されない「事実」を著作権侵害に変えてしまうことにはならない。

著作権で保護されていない「事実」を調べるのにも、スニペット表示がないNDL-OPACでは検索後、図書館や書店に足を運ばなくてはなりませんが、グーグルブックスではその必要もありません。

Q.34 医療の分野でも著作権法がネックになって最善の治療を受けられないって本当?

A.

文献のコピーを取るのに著作権者の許可がいるため、医療関係者は必要な情報を即座に入手できず、患者の治療にも悪影響を及ぼしている!

Point.

◇ 著作権者の許可を得ずとも医療関係者に文献等のコピーを渡せる著作権法の権利制限規定の審議は2007年以来、停滞している。

◇ 医療関係者が即座に必要な情報を入手できないことで、患者の生命がおびやかされる危険性もあるため、憲法で保障された国民の「生存権」に関わる問題であるにもかかわらず、10年以上も放置されている。

―解説―

　日本製薬団体連合会は「知的財産推進計画 2017」の策定に向けた意見募集にて、患者がより良い治療を受けられるようにするためにも、医薬品情報を著作権法の権利制限規定の対象にすべきとの要望を出しています（首相官邸ホームページより）。

　これは一体どういうことなのでしょうか。以下、私なりに要約します。

　医者などの医療関係者は、患者がより良い治療を受けられるよう、常に最適な医薬品情報を迅速に取得し続けなくてはなりません。その主な情報源は学術文献。これらの学術文献を取得するために、医療関係者は自ら調査収集する以外に、製薬企業に依頼することが多いです。

　製薬企業は、この要請に応えるため、最適な学術文献を選択し、コピーしたものを提供する必要がありますが、中には著作権管理団体によって管理されていない文献も数多くあります。その場合、製薬企業は都度、著作権者に論文をコピーしていいか許可を取らなくてはなりません。

　この許可取りが大きな手間になってしまい、医療関係者に必要な情報が最適なときに届かないこともあります。その結果、患者の治療に大きな支障を来すおそれがあるのです。

　2005 年度の文化審議会著作権分科会において「国等に対する申請・報告等に伴う文献等の複製」については著作権法の権利制限規定の対象にすべきとの結論が導かれ、平成 18 年の著作権法改正により国が薬事行政に関する文献を求めた場合は許可を取らなくても文献をコピーできるようになりました。

　しかし、「医療関係者に対する医薬品等の適正使用のための情報提供に伴う文献等の複製」については、結局、2007 年の審議以来、まだ権利制限規定の対象になっていません。

現場の医療関係者に必要な文献が即座に行き渡るかどうかは患者の命に関わること。つまり憲法で保障されている「国民の生存権」に関わってくる重要な問題です。

そのためにも日本製薬団体連合会は、通常の使用料相当額の補償金を支払えば、著作権者の許可がなくても、医療関係者の求めに応じて文献等をコピー、譲渡、および公衆送信できるよう審議の再開を求めています。

以上、日本製薬団体連合会の要望を要約しましたが、このあたりにも、日本の著作権法が抱える問題が垣間見られます。その問題とは、一つは必要の都度、個別の権利制限規定を追加する改正の仕方です。もう一つは Q.2 で紹介したとおり、改正には権利者団体が半数を占める審議会のコンセンサス（合意）が必要なことです。

本件の問題を解決するには法改正が必要ですが、審議会でコンセンサスが得られないために改正がなかなか実現しないわけです。フェアユースのように一定の判断基準を用意しておいて、その基準にもとづいてケースバイケースで判断する方式であれば基準さえ満たせば法改正を待たずにすぐに対応できます。

日本製薬団体連合会は、上記のとおり、通常の使用料相当額の補償金を支払えば、著作権者の許諾がなくても、医療関係者の求めに応じて文献等をコピー、譲渡、および公衆送信できるよう審議の再開を求めています。個別の権利制限規定での対応を要望しているようですが、私はこのように患者の生命を脅かすおそれのあるような問題が 10 年以上も放置されることのないよう、一刻も早くフェアユースを導入すべきだと思います。

第 6 章

今後どうなる？
日本の著作権法

Q.35
これからの著作権法改正において欠かせないものは何？

A.

今後の著作権法改正に必須なのは未来のニーズを把握すること！

Point.

◇ 過去にも日本版フェアユースの導入は提案されてきたが、権利者団体により骨抜きにされてしまった。
◇ 文化庁が提案する法改正案に不足しているのは"将来のニーズ"に対応すること。

第6章　今後どうなる？ 日本の著作権法

―解説―

　厳しい日本の著作権法ですが、変わる見込みはないのでしょうか？

　2008年、知財戦略本部は「知的財産推進計画 2008」で日本版フェアユースの導入を提案しました。しかし審議会で話し合われた結果、権利者団体が多く集まる文化審議会著作権分科会では、権利を制限する提案は認められず、大きな改正は行われませんでした。

　2016年、IOT や第 4 次産業革命など新たなデジタル技術が発展するなか、知財本部は新たに日本版フェアユースを再提案。これを受けて、文化庁は 2017 年 4 月、文化審議会著作権分科会報告書を提出しました。報告書では、「著作物本来の利用にあてはまるか」「権利者にどれぐらいの不利益が及ぶのか」を判断した上で三つの層に分類し、利用者が柔軟に著作物を使えるよう規定を改めることを提案しています。

　前回に比べて、柔軟になった印象はありますが、依然として問題なのが未来に起こるであろう事態に対応できるかどうかです。

　現在、著作権法に関してどのような問題が起きているのか、どう改正するのが望ましいのか、政府はニーズを集めています。しかし現在のニーズを集めただけでは、将来発生するであろう事態には対応しきれません。

　例えば、今回寄せられたニーズの一つが「論文剽窃検出サービス」。これは Q.32 で紹介したとおり、論文の内容を他の論文から盗んだり、コピー＆ペーストしていないかチェックするためのサービスです。2014年の小保方事件をきっかけに脚光を浴びましたが、2008年に日本版フェアユースが提案されたときにはニーズとして把握されていなかったサービスでした。

　このように現在のニーズにだけ対応する対症療法では産業を発

展させるための著作権法は生まれません。そのため、私を含めた学者グループは2017年2月に声明を発表。著作権法の新たな改正において現状ではまだ課題があり、課題に向けて今後も議論を継続してもらいたい旨(むね)を「『柔軟性のある権利制限規定』の導入に向けて―新たな時代のニーズに的確に対応した制度等の整備に関するワーキングチーム報告書をふまえて―」を通じて政府に伝えました（明治大学知的財産法政策研究所ホームページより）。

　また2017年9月には、私も賛同者として加わりました「著作権法改革により日本を元気にする会」が立ち上がり、日本政府および国会議員に対して問題が起きたら即座に法改正を行う制度の整備を強く求める声明文を発表しました。こちらは引き続き賛同者を募っていますので、ご賛同いただける方はぜひサイトからご登録をお願いします（著作権法改革により日本を元気にする会ホームページより）。

Q.36 「著作権法改革により日本を元気にする会」って、何をするところ?

A.

日本に利益をもたらす正しい著作権法改正を推進していくための会!

Point.

◇ 2017年9月、現在の著作権法の問題点を指摘し、皆に利益をもたらす法改正を目的に決起された。
◇ 9月28日の「キックオフイベント」に続いて、11月22日には「著作権の未来を考えるシンポジウム」を開催。いずれも参加した国会議員から力強いメッセージをいただいた。

―解説―

「著作権法改革により日本を元気にする会」は現在の著作権の問題を指摘し、正しい改正を求めることで、日本の発展に貢献することを目的としている団体です。

弁護士や大学教授などを中心に様々な分野の人たちが会の趣旨に賛同しています。当会では、声明文の冒頭で以下のように指摘しています（著作権法改革により日本を元気にする会ホームページより）。

☞「従来の著作権法は出版社や映画会社等々の一部のプロが関係する法でしたが、現在では著作権法が適用される場面が急速に全国民まで広がり、著作権法が内蔵する矛盾が急速に露呈しつつあり、以下のようなさまざまな問題が生じています。そのために権利制限の一般規定をはじめ、多くの改革が求められます」

続いて、さまざまな問題の具体例として、第3章で紹介した音楽教室、Q.37で紹介する初等中等教育、第5章で紹介したイノベーションや医療の現場で起きている問題を簡単に説明した後、こうした現場をはじめとする「あらゆる分野で、事前規制型の著作権法が環境変化に十分に追いついていないため、常識的に考えれば認められて然るべきことができない状況にあります」とした上で、「日本政府及び国会議員に対して、早急な事後規制型の法整備（権利制限の一般条項の導入等）を強く求めるとともに、皆様の引き続きのご理解とご協力をお願い申し上げます」と結んでいます。

著作権法改革により日本を元気にする会は、2017年9月28日にキックオフイベント開催。衆議院解散日であったにもかかわらず、5名の国会議員の先生方にお越しいただき、著作権法改革の

実現に向けて力強いメッセージをいただきました。当日の中山東大名誉教授による基調講演の模様は Q.16 で紹介したとおりです。

　11 月 22 日には「著作権の未来を考えるシンポジウム」を開催。私も論客たちと次世代の著作権を創り上げるために必要なことについて討論しました。最後に自由民主党政務調査会の知的財産戦略調査会にて、「コンテンツに関する小委員会事務局長」を務める阿達雅志参議院議員からも力強いメッセージをいただきました。

Q.37 諸外国より遅れている遠隔教育を推進するためにはどんな改革が必要？

A.

講義映像・音声、教材等の公衆送信ができるよう著作権法の改正が必要！

Point.

◇ 諸外国は授業における講義映像・音声、教材等の公衆送信を認めているが、日本だけは条件付きでしか認めていない。

◇ 遠隔教育（ＩＣＴ活用教育）でこれ以上、諸外国の遅れをとらないためにも遠隔地への公衆送信を認める法改正が必要。

第6章 今後どうなる？ 日本の著作権法

―解説―

図表8は平成26年度文化庁委託事業「情報化の進展に対応した著作権法制の検討のための調査研究事業」『ＩＣＴ活用教育など情報化に対応した著作物等の利用に関する調査研究報告書』からの抜粋です。「解釈によって異なる結論が得られる可能性があるため、あくまで参考資料としたい」とのただし書きがついていますが、わかりやすく、○、×、△、◇に分類されているので掲載します。

図表8　各国のＩＣＴ活用教育における「公衆送信」に関する権利制限規定の対象となる行為の比較

	日本	英国	米国	オーストラリア	韓国	フランス	ドイツ
授業における講義映像・音声、教材等の送信	△*	○	○	○	○	○	○
授業外における講義映像・音声、教材等の送信	×	△	×	◇	×	◇	◇
他への情報共有のための教材等の送信	×	△	◇**	○	◇**	◇	◇

○：著作物の公衆送信が権利制限の対象となる
△：一定の場合において著作物の公衆送信が権利制限の対象となる
◇：条文の解釈により著作物の公衆送信が権利制限の対象となる
×：著作物の公衆送信が権利制限の対象とならない

△および◇の欄にはかっこ書きの説明が加わっているが、スペースの関係で日本の△（*を付した）および米国と韓国の◇（**を付した）の後のかっこ内の説明だけを以下に記す。

*：(当該授業が行われる場所以外の場所において当該授業を同時

に受ける者に対して送信する場合のみ可能）
**：（フェアユースに該当する場合可能）

出所：平成 26 年度文化庁委託事業「情報化の進展に対応した著作権法制の検討のための調査研究事業」
『ＩＣＴ活用教育など情報化に対応した著作物等の利用に関する調査研究報告書』2015 年 3 月（文化庁
ホームページより）をもとに筆者作成。

　一番上の「授業における講義映像・音声、教材等の送信」は各国とも認められていますが、日本は「当該授業が行われる場所以外の場所において当該授業を同時に受ける者に対して送信する場合のみ可能」とされています。つまり、サブ教室などでメイン教室と同時に授業を受ける場合のみ認められているにすぎません。また、一番下の「他への情報共有のための教材等の送信」も日本だけが認められていません。

　報告書本文では、ＩＣＴ活用教育で補償金を支払えば権利制限規定の適用を受けられることに関しても、各国の状況を紹介しています。それによると、オーストラリア、韓国、フランス、ドイツは、著作権法の中で、補償金を支払えば、ＩＣＴ活用教育に関連して権利制限規定の適用を受けられると定めています。イギリスは教育機関が権利管理団体と年間契約を結んでライセンス料金を納めることで、権利制限規定の適用を受けています。

　この問題について検討した日本の文化審議会著作権分科会は、2017 年 4 月に提出した報告書の第 2 章で、諸外国にならい補償金を払ったら授業や教材の送信ができるようにすべきと提言しています（文化庁ホームページより）。これにより教員、生徒がいるメイン教室からだけでなく、スタジオなど生徒がいない場所から遠隔地の教室にインターネットを通じて授業を行う遠隔教育が可能になります。著作権がネックになって欧米や韓国に遅れをとっていた教育のＩＣＴ化が改善されるわけです。

　確かに補償金を支払えば許諾が要らないというのは、遠隔教育

推進の観点からは一歩前進です。しかし、現在でも許諾がいらない、無償でできる行為と補償金を支払えば許諾がいらなくなる行為の線引きに新たな問題が生じました。具体的には、「①遠隔授業で、配信側に生徒がいる場合は無償なのに、いない場合は補償金が必要」「②対面の授業でも紙のコピーを配るのは無償だが、iPadに配信する場合は補償金が必要」などの問題で、かえって遠隔教育やＩＣＴ活用教育の導入をさまたげてしまうのではないかと心配されています。このため、国会でも二人の議員から質問されました。内閣府の規制改革推進会議の2017年度規制改革実施計画にも、「高等学校の遠隔教育における著作権法上の問題の解決」が盛り込まれ、文化庁で検討することになりました（内閣府ホームページより）。

【改訂版補足】

Q.49で後述しますが、文化庁報告書の提案どおり、2018年5月に成立した改正著作権法では、補償金を払ったら授業や教材の送信ができるようになりました。教員、生徒がいるメイン教室からだけでなく、スタジオなど生徒がいない場所から遠隔地の教室にインターネットを通じて授業を行う遠隔教育が可能になり、欧米や韓国に遅れをとっていた教育のＩＣＴ化は改善されたのです。

しかし、現在でも許諾がいらない無償でできる行為と、補償金を支払えば許諾がいらなくなる行為の線引きに生じた新たな問題で、かえって遠隔教育やＩＣＴ活用教育の導入を妨げてしまうのではないか、という心配は改正法でも未解決のままです。

規制改革推進会議が2018年6月に発表した「規制改革実施計画のフォローアップ結果について」でも「引き続き検討状況について要フォロー」とされています（内閣府ホームページより）。

Q.38
自民党は現在の著作権法をどのように考えている？

A.

「イノベーションの創出」や「消費者利益」のため著作権法改正が必要だと考えている！

Point.

◇ 文化庁は2017年の著作権分科会報告書にて「現時点では最適解といえる」法改正案を提言したと記している。

◇ 対して、自民党は「消費者利益への配慮」にも言及するなどより踏み込んだ提言をしている。

―解説―

現在の与党である自民党は著作権法改正に対してどのような考えを持っているのでしょうか？

自民党政務調査会は2017年5月、「知財立国に向けての知的財産戦略に関する提言」を発表。7項目の提言の最初に掲げられた「第4次産業革命・Society5.0を見据えた知財・標準・データ戦略の一体的推進」の中で、以下のように説明しています（自民党ホームページより）。

☞・デジタル・ネットワーク化の進展などの環境変化に対応した著作物の利活用を促進する観点から、権利の適切な保護とのバランスを考慮しつつ、柔軟な権利制限規定を導入する。柔軟な権利制限規定としては、例えば、報道、研究、教育、福祉、イノベーションの創出など、目的を限定的に列挙すること等により明確性を確保するとともに、著作権者の利益を不当に害さないよう対応する。
（中略）
・著作物の利用が個々の消費者まで広がっていることに鑑み、「消費者利益への配慮」という視点を明確にする。

Q.35で紹介した著作権分科会報告書の「柔軟性のある権利制限規定」について検討した第1章の「おわりに」では、「現在の日本をとりまく諸状況を前提とすれば、差し当たり、本問題に対処する上での最適解と言える方策を提言することができたものと考えている」と結んでいます。しかし今の日本を取り巻く状況を考えると、現在のニーズに対症療法的に対応しただけの提言が最適とは決して思えません。

対して、自民党は「イノベーションの創出」や「消費者利益への配慮」をうたうなど、より前向きの提言をしています。

Q.39 イノベーションの促進やユーザーの創造力を活用するには、どんな改革が必要?

A.

フェアユースはイノベーション促進とユーザーの創造力活用に役立つ一石二鳥の改革!

Point.

◇ フェアユースは「ベンチャー企業の資本金」といわれるようにイノベーションの切り札である。
◇ フェアユースを導入すれば、個別権利制限規定を設けなくてもパロディを合法化できる。

第6章 今後どうなる？ 日本の著作権法

—解説—

　フェアユースがイノベーション促進の切り札であることは、発祥の地アメリカではフェアユースがベンチャー企業の資本金と呼ばれていること、今世紀に入って導入する国が続出していること、その中には米ＩＴ大手が買収先ベンチャー企業を探しにやってくるほどイノベーションが盛んなイスラエルも含まれていることなどから疑いの余地はありません。

　フェアユースはユーザーの想像力を活用するための改革にもつながります。Q.25 にて回答したとおり、2013 年にパロディについて個別権利制限規定を導入することを検討した文化庁は、デジタル・ネットワーク社会において著作物の利用の仕方が急速に変化している現代では、新たに法律を作るよりも現在の著作権法の運用・解釈を変えるといった柔軟な対応が必要だと提言しました。

　このような解決方法の一つとして、裁判所がパロディを著作権法第 32 条の引用と同じものであるとみなす方法が考えられます。しかし最高裁は、1980 年のパロディモンタージュ写真事件判決にて、引用について条文にない要件を課すことで、これを拒みました。その後、パロディをめぐる最高裁判決は出されていないため、この判決に従う下級審判決が多いです。最高裁判決を覆すには新たな最高裁判決を待つしかありませんが、いつになるか分からない最高裁判決を待っていてはクールジャパン戦略の推進にも支障をきたしかねません。

　アメリカは 1990 年代の最高裁判決でパロディにフェアユースを認めました。それ以来、多くのパロディをめぐる訴訟でフェアユースが認められています。もちろんフェアユースを認めなかった判決もあるので、すべてのパロディが合法になるわけではありませんが、フェアユースを導入すれば、パロディを解釈によって認めやすくなるのは間違いありません。

このようにフェアユースはイノベーション創出だけでなく、ユーザーの創造力活用にも貢献します。

Q.40
ユーザーの創造力をさらに活用するために日本の裁判所はどんな判決を下すべき？

A.

積極的にユーザーの権利を認める判決を下すべき！

Point.

◇ アメリカでは、YouTube やアップルのようにユーザーの創造力を活用した企業が勝ち組となっている。
◇ 欧米では裁判所がユーザーの権利を認めている。

―解説―

　フェアユースは個別の権利制限規定より幅広く著作権を制限するため、ユーザーは著作物を利用しやすくなりますが、権利制限規定の一つであることは変わりません。権利制限規定は著作権者の権利を制限する規定で、権利ではありません。このため、ユーザーの創造力をさらに活用するには、より積極的にユーザーの権利を認める必要があります。日本のユーザーが著作物を自由に使用できないのは、Q.2の図表1のとおり、著作権法改正を審議する団体のメンバーの半数近くが現在の著作権法の恩恵を受けている権利者団体であり、一般ユーザーは全国消費者団体連合会しかメンバーに含まれていないからです。

　しかし現代は、ユーザーが作成したコンテンツがＳＮＳを通じて花開かせる時代。二次創作の主役となるべきユーザーが蚊帳の外に置かれて良いわけがありません。

　アメリカではユーザーの投稿動画で新たなメディアに成長したYouTubeにしろ、ユーザーの開発したアプリでiPhone、iPadを大ヒットさせたアップルにしろ、ユーザーの創造力を活用した企業が勝ち組となっています。日本もクールジャパン戦略を成功させるには、できるだけ多くのユーザーの創造力を結集し、クールなコンテンツを生み出す必要があります。もっとユーザーの権利を認めるべきなのです。

　ユーザーの権利を認めるための改革については、学者や弁護士が提言しています。

　張睿暎(チャンイエヨン)獨協大学准教授は、「著作物ユーザーに権利はあるか―新しい著作権法フレーム」(知財年報2009、別冊NDL130号、商事法務)という論文にて、著作権者中心の既存の著作権フレームを超えた新しい枠組みとして「人権に基づく著作権フレーム」を提案します。以下、私なりに要約します。

科学技術の発展などで著作権が強化され、著作権者と著作物ユーザーが共に利益を求めて対立するようになりました。両者のバランスをとるための措置として権利制限規定がありますが、それは「ユーザーの権利」ではなく、「権利が制限される結果、得られる利益」にすぎません。権利制限の一般規定であるフェアユースやフェアディーリングもその例外ではなく、「著作者の権利」に較べると弱いため、著作物ユーザーが十分保護されない状況が生じました。こうした状況が生じたのは、今までの著作権法で「著作物のユーザー」は著作権法の目的を果たすための主体として考慮されていなかったためではないかと問題提起します。そして、著作権者、著作物ユーザーの両方が適切な利益を得られるようにするためには、今まで著作権システムの中で蚊帳の外に置かれていた「著作物ユーザー」について再考すべきだとしています。

その方法として、「既存の著作権の権利宣言規定の文言を変える方法」と「既存の権利制限規定を維持したまま裁判所が判決を変える方法」があります。

裁判所が権利制限規定の解釈を変えた具体例としてドイツ連邦最高裁の商標パロディ事件判決があります。原告の商品パッケージをパロディ化したポストカードを製造・販売した被告が、商標権侵害で訴えられた事件で、2005年、最高裁は芸術の自由（パロディ）は財産権（商標権）に優先するので、商標権侵害にあたらないとしました。

神戸大学大学院法学研究科の島並良教授は、「コピライト」2013年10月号に掲載された講演録「著作権法と消費者法の交錯」で、以下のように主張します。

元来は自由であった消費者による著作物の利用が、インターネットの普及・発展により制約を受ける例が最近増えてきていると指摘。その例として、音楽教室とJASRACの訴訟でも争点となっている公衆性（公衆とは誰を指すのか）の要件をあげます。

Q.14、15のとおり、日本ではたとえ受講生がたった一人の音楽教室でも裁判所は「公衆」とみなします。このような解釈を島並教授は問題視しているわけです。

弁護士の岡邦俊氏は『著作物を楽しむ自由のために—最高裁著作権判例を超えて』(勁草書房)で、第1章でも紹介したカラオケ法理を生み出したクラブキャッツアイ判決(1988年)やまねきＴＶ、ロクラクⅡ判決(2011年)を問題視していますが、この間の下級審判例も紹介しつつ、「一体、これら一連の事件を担当した裁判官たちには、市民としての良識はあったのだろうか」と批判しています。そして、ユーザーがより著作物を自由に利用できるようにするためには、メンバーの半数が権利者団体の文化審議会著作権分科会の審議を待つのではなく、裁判所が新たな判例を作り上げるべきと主張します。

アメリカやカナダでは裁判所がユーザーの権利を認めています。

Q.2のとおり、イギリスや旧英領諸国にはフェアユースに似たフェアディーリング規定があります。アメリカのフェアユース規定と異なり、権利を制限する目的が、カナダの例でいえば、「私的学習・非営利の研究」「批評、評論」「時事の報道」に限定されています。しかし、これらの目的の場合は許可なく著作物を利用できる規定です。

アッパーカナダ法律協会図書館複写サービス事件で、出版社は図書館職員が利用者の要請にもとづいて蔵書をコピーしたり、セルフサービスのコピー機を図書館が提供していることが、著作権侵害にあたると主張しました。2004年にカナダの連邦最高裁は、このフェアディーリング規定がユーザーの権利であると明言しました。顧客にアドバイスするため、意見を述べるため、判決について議論するため、あるいは裁判の準備のための調査は、調査に相当し、公平さの要件を満たしているかぎりフェアディーリングであるとして、ユーザーの権利を認めました。

弁護士はこうした調査にもとづいて顧客にアドバイスすることで、対価をもらっていますが、最高裁は、商業目的で利益を得るためでもフェアディーリングは成立するとして、図書館が提供したコピーは、研究あるいは私的調査目的なので、フェアディーリングにあたるとしました。

Q.33 で紹介したグーグルの書籍検索サービス、グーグルブックスは全米著作者組合から著作権侵害で訴えられました。2015年、ニューヨークの連邦高裁は「著者は著作権の意図する受益者であることに疑いはないが、究極かつ最大の受益者は公衆である」として、グーグルのフェアユースを認めました。

フェアユース規定やフェアディーリング規定を持たない日本で、裁判所がユーザーの権利を認めるのは難しいと思われるかもしれません。しかし、こうした規定を持たないドイツで、裁判所は憲法上の権利である表現の自由（芸術の自由）にもとづいて商標パロディを認めました。このように、ユーザーの権利を法律にもとづく著作権よりも上位にある、憲法上の権利（基本的人権）としてとらえれば、裁判所がユーザーの権利を認めることは十分可能なのです。

Q.41 欧米のネットユーザーの声が著作権強化法案を阻止したって本当?

A.

本当! アメリカでは著作権を強化する法案、ヨーロッパでは著作権を強化する条約案を廃案に追い込んだ!

Point.

◇ かつてハリウッドなど権利者団体は、豊富な資金力にモノを言わせて自分たちを利する法案をほとんど通してきた。
◇ しかし最近では、一般市民がネット上で批判・抗議することで、著作権関連の法案や条約案を廃案にする動きも出ている。

第6章　今後どうなる？　日本の著作権法

―解説―

　元文化庁長官官房著作権課の課長補佐で、執筆当時、文部科学省初等中等局初等中等教育企画課の課長補佐だった壹貫田剛史氏は、「コピライト」2015年12月号に「教育の『近未来』と『著作権』」と題する論考を寄せています。

☞ ICT技術の進化は、これまで以上に貪欲にコンテンツを求め、コピーフリーの要求を強めていく中、日本の意思決定・立法過程の変化（以前は議員立法といえば何とか基本法といった理念法が中心であったが、今日では著作権法のような私人の権利に直接関係する法律も議員立法の対象となっている）や、SNSなどを通じて世論が国家の意思決定に与える影響の強化は着実に著作権制度の変質をもたらすであろう。

　つまり、内閣立法より、国民生活に密着したものが多いとされている議員立法（議員が提案して、成立した法律）やＳＮＳなどの世論が著作権法の行く末に大きな影響を与えるだろうと主張しているのです。
　ＳＮＳを通じた世論が、国家の意思決定に影響を与え、著作権制度に変化を与える現象は、欧米ではすでに起きています。
　2012年1月18日にウィキペディアの英語版の画面が真っ黒になり、丸1日サービスが停止（ブラックアウト）しました。ウィキペディアが、ハリウッドが後押しする下院のオンライン海賊行為防止法案（SOPA）と上院の知的財産保護法案（PIPA）に対抗し、反対する声明を表示したのです。SOPAもPIPAも違法コンテンツ対策のために著作権を強化する法案でしたが、グーグル、フェイスブックなどのネット大手が、ネット上で抗議するようユーザーに呼びかけました。

アメリカでは著作権関連の新たな立法や既存の法律の適用をめぐっての裁判は、カリフォルニアの南北戦争（ハリウッド対シリコンバレー）に発展することがよくあります。著作権の保護強化を主張する南のハリウッドと、著作権法が想定していなかった新技術を生み出し、便利な新製品・新サービスをユーザーに提供しようとする北のシリコンバレーの攻防です。

　この時は綱引きの均衡を破ったのが、ＩＴ企業の呼びかけに応じたネット市民の抗議でした。ウィキペディアの黒塗りサイトは1億6000万人以上が閲覧し、英ガーディアン紙によると、3000本の抗議電話を受けた上院議員もいたそうです。こうした抗議を受けて、それまで法案を支持していた議員が次々と支持を取り下げました。このため、ブラックアウト2日後の1月20日、上院は24日に予定していたPIPAの採決を延期。まだSOPAを審議中だった下院も審議の延期を発表しました。

　両法案をめぐる攻防もＩＴ企業が抗議運動の音頭をとっていたという点では、いつもどおりの「カリフォルニアの南北戦争」でした。しかし、抗議運動に加わったネットユーザーが議員を動かして、両法案を棚上げにした帰結から見ると、「ハリウッド対ネット市民」の戦いだったといってよいでしょう。

　それまで、ハリウッドは豊富な資金力にモノを言わせて、自分たちに有利な法案をほとんど通してきました。著作権保護期間を20年延長した1998年の著作権保護期間延長法は、旧法では2003年に保護期間の切れるミッキーマウスの著作権を2023年まで延長するためにハリウッドがロビー力を駆使して実現したため、ミッキーマウス保護法と揶揄されました。ハリウッドが2011年にSOPA、PIPAの両法案を通すためのロビー活動に使ったお金は9400万ドル（約75億円）にのぼります（2012年3月5日付、ナショナルレビュー誌）。

　しかし、議員はカネも欲しいが票も欲しい、ネットユーザーを

敵に回して多数の票を失うようなことは避けたいというのが本音です。結局、ネットユーザーの票の力がハリウッドの資金力を凌駕したわけです。

アメリカで SOPA、PIPA を廃案に追いやったネットユーザーの声は、ヨーロッパにも飛び火しました。模倣品・海賊版拡散防止条約（ACTA）反対の動きです。ACTA は著作権や商標権を侵害する模倣品・海賊版の輸入・販売に対して、差し止めや損害賠償請求をしやすくする立法を加盟国に求める条約です。2005 年のＧ８グレンイーグルズ・サミットで、当時の小泉首相が模倣品・海賊版防止のための新たな国際的枠組みの策定を提唱したのに始まります。アメリカも積極的に取り組み、2011 年 10 月に日本、アメリカ、カナダ、オーストラリアなど 8 カ国が署名しました。

反対運動のきっかけを作ったのは国際的なハッカー集団「アノニマス」。インターネットの自由を主張するアノニマスは 2012 年 1 月、ポーランド政府のウェブサイトをハッカー攻撃しました。2012 年 1 月 18 日にウィキペディア英語版サイトがブラックアウトした 4 日後でした。アノニマスのハッカー攻撃はポーランドの 20 以上の都市での若者を中心にしたデモに発展。これを受けてポーランドのドナルド・タスク首相は ACTA に同意しないことを発表しました。

反対の動きは欧州各地に広がり、各国でのデモとメールによる抗議で当初賛成していた議員が態度を翻して反対に回りました。欧州連合（ＥＵ）は 2011 年 12 月に全会一致で条約に加盟することを決めました。しかし欧州連合 27 カ国中、ドイツ、オランダなどの 5 カ国を除く 22 カ国は 2012 年 1 月 26 日に東京で署名したにもかかわらず、反対運動で態度を翻しました。このため、欧州議会も 2012 年 7 月、批准について採決しました。結果は反対が 478 票と賛成 39 票を大幅に上回りました。

このように文部科学省の壹貫田氏の指摘する、ＳＮＳを通じた世論が、国家の意思決定に与える影響が著作権制度に変質をもたらす現象は、欧米ではすでに発生しているのです。

第6章 今後どうなる？ 日本の著作権法

Q.42
日本のネットユーザーの声は、いつ政治家に届く？

A.

欧米のように著作権を強化する法案・条約案を阻止するまでには至ってないが、着実にその方向に向かっている！

Point.

◇ 2016年の参院選で新党改革から出馬した山田太郎前参議院議員は、ネットユーザーを中心に民進、おおさか維新、社民、生活の4党のトップ当選者を上回る29万もの票を獲得した。
◇ JASRACの強硬路線に60万件の批判的ツイートがあったことは政治家にもインパクトを与えるはず。

―解説―

前問の壹貫田氏は、「教育の『近未来』と『著作権』」にて以下のように続けます。

☞ 具体的には子供たちの教育のためという大義名分の下、著作権制度は「規制」であり「緩和」すべきであるとの主張がなされる可能性は十分にあり得るのである。こうした主張は、権利関係者にとっては暴論かもしれないが、「世論」では「正論」となる可能性があるし、何が「正論」かは、最終的には政治により決まるのである。

「何が『正論』かは、最終的には政治により決まる」としていますが、Q.38のとおり、自民党は「著作物の利用が個々の消費者まで広がっていることに鑑み、『消費者利益への配慮』という視点を明確にする」提言をしています。

私はこれまで著作権について書いた2冊の本のエピローグで「ロビーイング2.0」をすすめてきました。

Q.41のとおり、2012年、欧米ではネットユーザーによる抗議活動「ロビーイング2.0活動」が著作権保護を強化する法案や条約案を廃案に追いやりました。その頃、日本でも違法ダウンロード刑罰化法案が審議されていたため、ブログで「違法ダウンロード刑罰化を阻止しよう」と訴えました。賛成多数で刑罰化を決めた自民党のなかで、反対にまわった世耕弘成参議院議員（現経済産業大臣）はＮＴＴ出身で私の旧知でした。このため、私は同議員が反対の理由を述べたブログも紹介しながら、地元の国会議員に反対の意思を伝えようと呼びかけました。法案は自民・公明両党の賛成で可決されてしまいましたが、その時の模様を1冊目の『著作権法がソーシャルメディアを殺す』のエピローグで紹介しました。

当時はまだ解禁されていなかったインターネットを利用した選挙活動、いわゆるネット選挙が2016年7月の参院選から解禁されました。その選挙でロビーイング2.0が日本でも有効であることを実証したのが、2冊目の拙著『フェアユースは経済を救う─デジタル覇権戦争に負けない著作権法─』のエピローグで紹介した山田太郎前参議院議員の選挙活動です。

　山田氏は新党改革から立候補しました。新党改革は、政党名と全候補者の個人名を合わせた得票数が議席獲得に達しなかったため、山田氏も落選しましたが、山田氏個人は約29万票を獲得しました。この得票数は、民進、おおさか維新、社民、生活の4党のトップ当選者を上回るだけでなく、公明党の最下位当選者の得票数の約16倍という驚くべき数字でした。

　山田氏は事務所を東京・秋葉原に置き、自身の支持を呼びかけるツイートが簡単にできるツールをウェブサイトで公開するなど、ネットもフル活用して選挙活動を展開しました。これにオタク層のネットユーザーが呼応し、ツイッターやブログで山田氏支持を呼び掛ける声が高まって29万票を獲得しました。

　このように日本でもロビーイング2.0の機が熟しつつあるところへ、今回は選挙ではありませんが、JASRACの音楽教室からの使用料徴収方針に対して、60万件の批判的ツイートがあり、音楽教育を守る会が集めた57万人の反対署名と合わせると、約117万票。これは参議院比例区で1議席獲得できるような数字です。実際に2016年7月の参院選で、「生活の党と山本太郎となかまたち」（現在の自由党）は、5人の候補者の総得票数15万8255票と政党名で獲得した90万9045票をあわせると106万7300票を獲得。最も多い個人票10万9050票を獲得した青木愛氏が当選を果たしました。

　この本でも前の2冊に続いてロビーイング2.0をすすめたいと思いますが、前の2冊ではフェアユースのような権利制限の一般

規定を導入する著作権法改革を訴えていました。しかし、フェアユースも権利を制限する規定であって、権利ではありません。この本では上記のような追い風をバックに、さらに踏み込んで、ユーザーの権利を認めさせるためのロビーイング2.0を提案します。

ロビーイング2.0は、ネットユーザーがＳＮＳを通じて、政治家に直接メッセージを届ける活動ですが、今回のJASRAC批判のようなツイートでも構わないと思います。政治家も選挙で選ばれるだけに世論の動向には敏感だからです。

第7章

どのように改正された？平成30年改正著作権法

Q.43
2018年5月に著作権法が改正。なぜ改正された？

A.
技術革新などの環境変化に柔軟に対応してイノベーションを促進するため！

Point.

◇ 現在の著作権法はIoT・ビッグデータ・人工知能などの技術革新の促進のネックになるという指摘があるため法改正が行われた。
◇ 2012年の改正では、従来の改正でも追加されてきた個別の権利制限規定と変わらない四つの条文を盛り込まれただけの尻すぼみな改正に終わったため、再検討の必要が生じた。

第 7 章　どのように改正された？　平成 30 年改正著作権法

―解説―

　情報通信技術の進展等の著作物等の利用をめぐる環境の変化に対応し、著作物等の公正な利用を図るとともに著作権等の適切な保護に役立てるため、Q.44 で紹介する 4 点の改正を行いました。
　4 点の改正の中でも目玉は何といっても「デジタル化・ネットワーク化の進展に対応した柔軟な権利制限規定の整備」です。柔軟な権利制限規定については Q.45 にて解説するとして、まずその背景について文化庁ホームページでは以下のように説明しています。

☞ ＩｏＴ・ビッグデータ・人工知能などの技術革新による「第 4 次産業革命」は我が国の生産性向上の鍵と位置づけられ、これらの技術を活用し著作物を含む大量の情報の集積・組合せ・解析により付加価値を生み出すイノベーションの創出が期待されている。
☞ しかし、現在の著作権法は、著作権者の許諾無く利用できる場合に関する規定（権利制限規定）を利用の目的や場面ごとに一定程度具体的に規定している。
☞ このため、類似の行為でも条文上明記されていなければ、形式的には違法となり、利用の萎縮が生じているとの指摘や、技術革新を背景とした新たな著作物の利用ニーズへの対応が困難との指摘がある。

　著作権法は著作物の保護と利用のバランスを図ることを目的としています。著作物の利用には著作権者の許可を要求して保護する一方、許可がなくても利用できる権利制限規定を設けて利用者に配慮しています。上記のとおり、日本の著作権法はこの権利制限規定を私的使用、引用など一つひとつ具体的な事例を挙げて個別に規定しています。
　対して、アメリカではどの事例にも使える権利制限の一般規定

あるいは包括規定としてフェアユース規定を採用しています。フェアユース規定とは、利用目的が公正（フェア）であれば、著作者の許可がなくても著作物を利用できる規定のこと。日本にはこのようなフェアユース規定がないため、技術革新を背景とした新たな著作物の利用ニーズへの対応が困難であるとの指摘です（Q.2 参照）。

　こうした指摘は実は以前にもありました。知的財産戦略本部は「知的財産推進計画 2008」で「包括的な権利制限規定」の導入、「知的財産推進計画 2009」でも「権利制限の一般規定（日本版フェアユース規定）」導入の検討を提案。著作権法を担当する文化庁で検討しましたが、実現した 2012 年の著作権法改正は、従来の改正でも追加されてきた個別の権利制限規定と変わらない四つの条文を盛り込むだけの尻すぼみの改正に終わってしまいました。

　その結果、5 年も経たずして再検討する必要が生じました。知的財産戦略本部は「知的財産推進計画 2016」で、環境変化に対応した著作物利用の円滑化を図り、新しいイノベーションを促進するため、柔軟な権利制限規定の整備を提案。文化庁は 2017 年に検討結果をとりまとめた文化審議会著作権分科会報告書を発表し、この報告書にもとづいて、三つの柔軟性のある権利制限規定を盛り込んだ改正法案を策定しました。改正法は 2018 年 5 月、衆参両院の議決を経て成立し、2019 年 1 月から施行されることになりました。

Q.44
平成30年著作権法改正のポイントは？

A.

ポイントは4つ。「柔軟な権利制限規定」「教育機関での著作物の配信利用の拡張＋補償金」「障害者の情報アクセス機会の拡充」「デジタル・アーカイブ化を促進」。

Point.

◇ デジタル・ネットワーク技術の進展により、ますます著作権法改正の必要に迫られている。

◇ その中でも、今回大きく取り上げられたのが「柔軟な権利制限規定」など著作権者の許諾を受ける必要がある行為の範囲の見直しである。

―解説―

　盛りだくさんの平成30年著作権法改正ですが、文化庁資料「著作権法の一部を改正する法律案の概要」は、まず「改正の趣旨」を以下のように説明しています。

☞「デジタル・ネットワーク技術の進展により、新たに生まれる様々な著作物の利用ニーズに的確に対応するため、著作権者の許諾を受ける必要がある行為の範囲を見直し、情報関連産業、教育、障害者、美術館等におけるアーカイブの利活用に係る著作物の利用をより円滑に行えるようにする。」

　続いて、「改正の概要」として以下の4点を挙げています。

1．柔軟な権利制限規定
・著作物の市場に悪影響を及ぼさないビッグデータを活用したサービス等のための著作物の利用について、許諾なく行えるようにする（著者注：具体的にどのようなサービスが許諾なしに利用できるようになるかは、Q.45 で紹介します）。
・イノベーションの創出を促進するため、情報通信技術の進展に伴い将来新たな著作物の利用方法が生まれた場合にも柔軟に対応できるよう、ある程度抽象的に定めた規定を整備する。

2．教育機関での著作物の配信利用の拡張＋補償金
・ＩＣＴの活用により教育の質の向上等を図るため、学校等の授業や予習・復習用に、教師が他人の著作物を用いて作成した教材を、ネットワークを通じて生徒の端末に送信する行為等について、許諾なく行えるようにする。
【現在】利用の都度、個々の権利者の許諾とライセンス料の支払が必要

【改正後】ワンストップの補償金支払のみ（権利者の許諾不要）

3．障害者の情報アクセス機会の拡充
・マラケシュ条約（著者注：視覚障害者や判読に障害のある者の著作物の利用機会を促進するための条約）の締結に向けて、現在視覚障害者等が対象となっている規定を見直し、肢体不自由等により書籍を持てない者のために録音図書の作成等を許諾なく行えるようにする。

【現在】視覚障害者や発達障害等で著作物を視覚的に認識できない者が対象

【改正後】肢体不自由等を含め、障害によって書籍を読むことが困難な者が広く対象

4．デジタル・アーカイブ化を促進
・美術館等の展示作品の解説・紹介用資料をデジタル方式で作成し、タブレット端末等で閲覧可能にすること等を許諾なく行えるようにする。

【現在】小冊子（紙媒体）への掲載は許諾不要。タブレット等（デジタル媒体）での利用は許諾が必要。

【改正後】小冊子、タブレット等のいずれも場合も許諾不要。

・国及び地方公共団体等が裁定制度（著者注：著作権者不明等の場合において、文化庁長官の裁定を受け、補償金を預けることで、著作物を利用することができる制度）を利用する際、補償金の供託を不要とする。

【現在】裁定制度により著作物等を利用する場合、事前に補償金の供託が必要

【改正後】国及び地方公共団体等については、補償金の供託は不要（権利者が現れた後に補償金を支払う）

・国会図書館による外国の図書館への絶版等資料の送付を許諾無く行えるようにする。

Q.45 新設された「柔軟な権利制限規定」って何?

A.

著作物の表現を享受しない利用や、情報処理技術を用いて新たな知見や情報を生み出すための著作物の軽微利用を認めた。

Point.

◇「著作物に表現された思想又は感情を自ら享受し又は他人に享受させることを目的としない利用」の場合、許諾なしに著作物を利用できる可能性が出てきた。

◇ 書籍検索サービスや論文剽窃検証サービスなど一部のサービスにおいて著作物の軽微な利用が認められるようになった。

第 7 章　どのように改正された？　平成 30 年改正著作権法

―解説―

「柔軟な権利制限規定」として以下の三つの条文が追加されました。
①著作物に表現された思想又は感情の享受を目的としない利用
　（新 30 条の 4）
②電子計算機における著作物の利用に付随する利用等
　（新 47 条の 4）
③新たな知見・情報を創出する電子計算機による情報処理の結果提供に付随する軽微利用等（新 47 条の 5）

　このうち、②の新 47 条の 4 は電子計算機における著作物の利用に付随する利用（電子計算機におけるキャッシュのための複製、サーバー管理者による送信障害防止等のための複製、ネットワークでの情報提供準備に必要な情報処理のための複製等）や電子計算機における利用を行うことができる状態の維持・回復を目的とする利用（複製機器の保守・修理のための一時的複製、複製機器の交換のための一時的複製、サーバーの滅失等に備えたバックアップのための複製）について定めていますが、基本的には現行法の規定を統合しつつ、より包括的に規定した条文ですので、①の新 30 条の 4 と③の新 47 条の 5 のほうが注目されます。①の新 30 条の 4 は音楽教室と JASRAC の訴訟に関連するため Q.55 で後述するとし、ここでは③の新 47 条の 5 を紹介します。条文は長いので、文化庁の説明資料にある「条文の骨子」から紹介します（文化庁ホームページより）。

☞ 新 47 条の 5【条文の骨子】
　著作物は、電子計算機を用いた情報処理により新たな知見又は情報を創出する次に掲げる行為を行う者（政令で定める基準に従う者に限

る。）は、必要と認められる限度において、当該情報処理の結果の提供に付随して、いずれの方法によるかを問わず、軽微な利用を行うことができる。

ただし、著作権者の利益を不当に害する場合はこの限りでない。
①所在検索サービス（＝求める情報を特定するための情報や、その所在に関する情報を検索する行為）
②情報解析サービス（＝大量の情報を構成する要素を抽出し解析する行為）
③①②のほか、電子計算機による情報処理により新たな知見・情報を創出する行為であって国民生活の利便性向上に寄与するものとして政令で定めるもの

①の所在検索サービスの具体例として、書籍検索サービスおよび番組検索サービスがあげられています。このうち、書籍検索サービスについてはQ.47で後述しますので、ここでは番組検索サービスについて紹介します。

今回の改正のベースとなった文化審議会著作権分科会報告書（2017年4月）では、「テレビやラジオで自分の関心のあるキーワードやフレーズがいつどのような形で放送されたかを調べることができるサービスであるとされている。関連するサービスの例としてTVEyesが挙げられている。」と説明しています。「TVEyes」には注で、「同サービスでは，1日24時間，週7日，1400以上のテレビ・ラジオ局のコンテンツを全部複製し，利用者に対して，キーワード検索等に基づき，放送内容の文字情報，短いビデオクリップ等を提供している。なお，サービスの提供対象は事業者の内部利用目的に限定されており，一般には提供されていない。」という説明が加えられています。

②の情報解析サービスの具体例としてあげられている論文剽窃検証サービスについてもQ.46にて後述します。

Q.46 小保方事件のときに日本の教育研究機関が一斉に米社のサービスに走ったような問題はなくなる?

A.

同じ問題が再発するおそれは解消できていない。「柔軟な権利制限規定」では、現時点で予測不可能なサービスに対応できないため。

Point.

◇ 今回の改正で一定の柔軟性がある権利制限規定が実現したものの、より柔軟な米国型フェアユースには及ばない。
◇ そのため、残念ながら改正法でもフェアユースをバックに新しいサービスで先行できる米国勢に日本市場まで制圧されてしまう悪循環を断ち切れる保証はない。

―解説―

　今回新設される第47条の5で認められるようになるサービスに「論文剽窃検出サービス」があります。これは論文の内容を他の論文から盗んだり、コピー＆ペーストしたりしていないかチェックするためのサービスで、2014年の小保方事件をきっかけに脚光を浴びました。当時日本にも同種のサービスを提供する会社はありましたが、事件発生後、日本の教育・研究機関は一斉に米社のサービスに走りました。その理由についてはQ.32で紹介しましたが、以下、簡潔にまとめます。

　アメリカでは学生の許諾を得ずに提出論文をデータベース化して、コピペ論文をチェックできるようにしたサービスをめぐる訴訟でフェアユースが認めらました。このため、サービスを提供するターンイットイン社は現在、7億3400万件の学生の論文、1億6500万件の雑誌論文と学術論文をデータベース化しています。

　日本ではこれまで学生の許諾なしにレポートをデータベース化できませんでした。データベース化できないと、先輩の論文のコピペなどをチェックできず、論文剽窃検出サービスとしては不完全に終わってしまいます。小保方事件発生後、日本の教育・研究機関が米社のサービスに走ったのも当然です。

　日本がサービスを合法化した時点では、フェアユースをバックにサービスを提供していた米国勢に日本市場まで席巻されてしまった点で、ウェブ検索サービスの二の舞を演じたことになります（Q.2参照）。

　今回の改正は「知的財産推進計画2016」が「柔軟な権利制限規定」を提案したのが、きっかけとなっています。この提案は知的財産戦略本部検証・評価・企画委員会が、2016年4月にまとめた報告書にもとづいています。

第7章　どのように改正された？　平成30年改正著作権法

　検証・評価・企画委員会が2018年4月2日に開催した会合で、改正法の説明を受けた喜連川 優 委員（国立情報学研究所所長・東京大学教授）は以下のようにコメントしました（首相官邸ホームページより）。

☞ 今後ますます大きな技術の変革がなされる中で、戦略として一番重要なことの一つは、やはりスピードという視点を入れておくことが重要と感じます。このスピードという視点は、見る範囲においては、エクスプリシットに書かれていないように思われます。間違っていたら済みません。

　スピードというのは、別の表現をすると、時間をかけたらできるということです。例えば今回著作権の御説明をいただいたわけですが、著作権の議論の時に私が申し上げましたのは、日本は世界で一番フェークペーパーが多い。これを直すためには、とにもかくにもコピペしているかどうかを調べる時にオプトインをしていただかなくても、論文を勝手に利用されて頂き、剽窃であるかどうかをチェックする。このことに対する著作物の提供というのは、誰が考えてもそれはノーとは言わないと思うわけですけれども、この制限規定の導入に非常に時間がかかりました。

　この時間がたった結果、何が起こったかといいますと、ある会社が非常に強くなりまして、その会社はほぼ全ての国際会議と連携して、そのソフトウエアで国際会議に出た論文をチェックすることを義務づけるようになった。それと同時にそこに出た国際会議の論文は全部その会社に流れるようになりました。したがいまして、ある意味で言いますと、もう完全にそのゲームは終わってしまいました。

　つまり、これはゆっくりと、きっちりすることはやろうと思えば、誰でも出来るのですけれども、世界の市場が早い動きの中で我が国も速く動きがないと、到底立ち行かないということをより強く認識していくべきではないかなという気がしております。つまりスピードが肝です。

「日本は世界で一番フェークペーパーが多い」ということは論文剽窃検証サービスのニーズも高かったのですが、フェアユースのない日本ではそうしたニーズに応えられる企業はなく、小保方事件発生時に喜連川教授の言う「ある会社」、つまりターンイットイン社のサービスに走らざるを得ませんでした。同時にこうした"誰が考えてもノーと言わないような"利用でも、権利制限規定が設けられるまでは違法になってしまうところに個別権利制限規定方式の限界があります。喜連川教授は続けます。

☞ このような細かい改正にエネルギーを注ぐのではなく、新情報財の委員会のときにも議論になりましたようなフェアユースという概念を、スピードの観点で真剣に考えるべきではないかと感じます。我が国は、何を戦略とするのかという時、スピードという観点を真剣に考えていく必要があるのではないかと思います。繰り返しになりますが、ゆっくりと完成度の高いものをつくるゲームは成立しない時代になっており、もはや過去のやり方にとらわれていては時代遅れになることは過去複数回痛い目にあっていることからも明らかです。

　過去にも痛い目にあっているとしているのは、ウェブ検索サービスでも、合法化した時点ではすでに米国勢に日本市場まで席巻されてしまっていたことを指しています（Q.2参照）。

　問題は今回の改正でこうした悪循環を断ち切れるかです。残念ながら答えは「No！」です。上記のとおり、今回の改正は知的財産戦略本部が2016年4月にまとめた報告書がきっかけですが、図表9はその報告書からの抜粋です（首相官邸ホームページより）。

　今回の改正で実現したのは、一番右の「著作物の表現を享受しない利用」なので、今回の改正の内容と米国のフェアユースとの

相違が一目でわかります。

図表9　権利制限の柔軟性の選択肢

著作権の権利制限が正当化される主な視点	総合考慮型	一定の柔軟性ある権利制限規定（例）	
	米・フェアユース型	受け皿規定（※1）	著作物の表現を享受しない利用（C類型）（※2）
①利用行為の目的や社会的要請	総合考慮	総合考慮	総合考慮
②利用行為の性質・態様		「第○条から○条までの規定に掲げる行為のほか、・・やむを得ないと認められる場合」	「著作物の表現を知覚することを通じてこれを享受するための利用とは評価されない利用」
③民間での取引の成立可能性		総合考慮	総合考慮

※1　既存の権利制限の対象となっている行為と同等と評価しうる利用についての受け皿規定
※2　著作物のデータ的利用の特徴である「著作物の表現を享受しない」態様に注目して権利制限を設けるとの考え方

出所：知的財産戦略本部次世代知財システム検討委員会報告書（2016年4月）

　今後生まれる新技術・新サービスで今回の改正で新設された柔軟な権利制限規定によって可能になるサービスは当然あります。しかし、図表9の「②利用行為の性質・態様」の欄に注目すると、改正で可能になる利用は「著作物の表現を享受しない利用」に限られます。柔軟性の点ではこうした制約がない米国型フェアユースには及びません。今後、著作物の表現を享受するような新たなニーズに対応する新技術・新サービスが生まれる可能性は十分あります。そのときにフェアユースをバックに先行する米国勢に日本市場まで制圧されてしまった苦い経験を繰り返すことになります。残念ながら改正法でも上記の悪循環を断ち切れる保証はないと言ってよいでしょう。

Q.47
国会図書館よりグーグルのほうが日本の本を知っている問題は解決する?

A.

解決しない。法改正でもグーグル並みの書籍検索サービスは生まれない。

Point.

◇ 今回の法改正で「軽微な利用」が認められたが、日本でもグーグルブックスのような書籍検索サービスが生まれる可能性は非常に低い。

◇ 最大の理由は、「利用される著作物の割合、量、表示の精度等が軽微であるかどうか」だけが判断のポイントで、"世の中のためになる"といった利用目的の公共性は判断材料とならないから。

第7章 どのように改正された? 平成30年改正著作権法

―解説―

グーグルは出版社や図書館から提供してもらった書籍をデジタル化し、全文を検索して、利用者の興味にあった書籍を見つけ出す「グーグルブックス」と呼ばれる書籍検索サービスを提供しました。無許諾で書籍を複製された著作権者から訴えられましたが、グーグルはデータベース作成のために書籍を全文スキャンするが、検索語の前後の文章を数行まで表示するだけなので、フェアユースにあたると反論。裁判所はこれを認めました(Q.33参照)。

書籍検索サービスなどの所在検索サービスを列挙した新47条5は本文で以下のように「軽微な利用」を行うことができるとしています(Q.45参照)。

☞ 著作物は、電子計算機を用いた情報処理により新たな知見又は情報を創出する次に掲げる行為を行う者(政令で定める基準に従う者に限る。)は、必要と認められる限度において、当該情報処理の結果の提供に付随して、いずれの方法によるかを問わず、軽微な利用を行うことができる。

軽微な利用について条文は(　　)内で「利用される著作物の割合、量、表示の精度等を総合考慮の上で判断。」としています。

米国でフェアユースが認められたグーグルブックスのようなサービスが改正法で認められるかどうかは疑問です。グーグルは以下のような様々な工夫をして、書籍を購入したり、図書館から借りたりせずに利用者が検索だけで目的を達成してしまうことを避けるようにしていました。
・本全体の22％は最初から検索対象とはしない。つまり、本全

体の 78％からしか検索できない。
- 検索語の前後数行を表示するスニペット表示は 1 ページにつき 1 カ所、全体で 3 カ所までで、同じ検索語を何回検索しても同じスニペットしか表示されない。
- 辞書や料理本など本の一部分見るだけでも知りたい情報が入手できてしまう本についてはスニペット表示をしない。

裁判で原告は実際に調査員を雇って原告の本を検索させた結果、全体の 16％までアクセスできたと主張しました。しかし、裁判所はそうだとしても、グーグルブックスの設定した上記のような制約から、

①それは多大な時間と労力を費やした結果である
②得られる情報も断片的な情報のかき集めで、まとまった意味のある情報とはいえない

などとしてフェアユースを認めました。

しかし、日本では改正法のもとでもこうした利用が軽微と認定されるかは疑問です。

しかも、量的な制限以外の制約もあります。2018 年 5 月 17 日の参議院文教科学委員会で自民党の小野田紀美議員は、「この軽微利用というのは、"利用する量の多い少ない"の軽微なのか、権利者の不利益が軽微であれば該当なのか」と質問。これに対し、中岡司文化庁次長は次のように答えました。

☞ 軽微性につきましては、……その利用に供される部分の占める割合、その利用に供される部分の量、その利用に供される際の表示の精度などの外形的な要素に照らしまして、著作物の利用の範囲が軽微であるかを基準として判断されることを念頭に置いて規定をしております。したがいまして、軽微性の判断に当たりましては、御質問のような権利者の不利益の程度が軽微であるかといった要素や利用の目的に公共性があるかといった要素を見るものではございません。

利用目的の公共性は考慮されないとしていますが、グーグルブックス判決ではサービスの公共性がフェアユース認定の決め手になりました。

　こうした判決も追い風となってグーグルブックスのサービスは、すでに国会図書館のサービスを凌駕しています。グーグルブックスで私の名前を検索すると、国会図書館の蔵書検索データベース NDL-OPAC で検索した場合の数十倍の件数がヒットします。NDL-OPAC は書籍の中のキーワードしか拾いませんが、グーグルブックスは書籍の全文を検索するので、この差が生じるわけです。日本語の書籍ですら、日本の国立図書館よりもアメリカの一民間企業の電子図書館の方が網羅的に探してくれるのです（Q.33 参照）。

　こうした状況から、グーグルブックスより制限されたサービスしか提供できない改正後の規定によって、先行するグーグルに対抗して書籍検索サービスを提供する事業者は現れないおそれがあります。ウェブ検索サービスでも日本は個別権利制限規定を設けて合法化しましたが（Q.52 の図表 14 参照）、時すでに遅しで、その後も日本勢のシェアは増えるどころか減ってしまった苦い経験があります（Q.2 参照）。

Q.48
著作権法がネックとなり「最善の治療が受けられない」問題は解決する?

A.

解決しない。残念ながら今回の改正でも見送られた。製薬業界は引き続き要望している。

Point.

◇ 著作権者の許可を得ないでも文献のコピーを渡せるようにする、患者の生命にかかわるような重要な権利制限規定の審議は、10年以上放置されているが、今回の改正でも実現しなかった。

◇ 今回の改正は上場企業に対するアンケート調査の結果を参考にしているが、業界でこの問題を検討するワーキングチーム所属企業の半数以上に届いていないにもかかわらず、届かなかった企業を非回答扱いするなど問題のある調査と言わざるを得ない。

第 7 章　どのように改正された？　平成 30 年改正著作権法

―解説―

　今回の改正法でも要望が認められなかった日本製薬団体連合会は、「知的財産推進計画 2018」・「知的財産戦略ビジョン」の策定に向けた意見募集でも、引き続き同じ要望を出しています（首相官邸ホームページより）。以下、その要望を私なりに要約します。

　医者などの医療関係者は、患者がより良い治療を受けられるよう、常に最適な医薬品情報を迅速に取得し続けなくてはなりません。その主な情報源は学術文献。これらの学術文献を取得するために、医療関係者は自ら調査収集する以外に、製薬企業に依頼することが多いです。

　製薬企業は、この要請に応えるため、最適な学術文献を選択し、コピーしたものを提供する必要がありますが、中には著作権管理団体によって管理されていない文献も数多くあります。その場合、製薬企業はその都度、著作権者に論文をコピーしていいか許可を取らなくてはなりません。

　この許可取りが大きな手間になってしまい、医療関係者に必要な情報が最適なときに届かないこともあります。その結果、患者の治療に大きな支障を来すおそれがあるのです。

　この問題については、2007 年度に著作権分科会法制問題小委員会で検討されましたが、いまだ権利制限規定の対象になっていません。

　現場の医療関係者に必要な文献が即座に行き渡るかどうかは患者の命に関わること。つまり憲法で保障されている「国民の生存権」に関わってくる重要な問題です。早急に権利制限とする審議が再開される改正を要望します（Q.34 参照）。

　日本製薬団体連合会は要望の中で、2017 年 4 月に提出された文化審議会著作権分科会報告書の付属資料になっている上場企業

3693社や団体などを対象に実施したアンケート調査の結果も疑問視しています。アンケート調査は文化庁が調査会社に委託して実施しましたが、日本製薬団体連合会はこの問題を検討するワーキングチームに所属する17社中8社しか調査が届いていないにもかかわらず、届かなかった企業を非回答者扱いしているからです。

アンケート調査を請負った会社の代表取締役共同代表は、調査を委託した著作権課の課長補佐も務めた文化庁ＯＢです。調査は2016年度の実施ですが、文化庁は2015年度にも別の調査を同社に委託、2016年度の調査実施時には過去の実績があればその内容に応じて加点することで、同社に有利な条件を整えた上で競争入札を行い同社に落札させています。

調査対象も問題です。企業は上場企業だけで、非上場のベンチャー企業が含まれていません。アメリカではフェアユースはベンチャー企業の資本金ともよばれています。イノベーションの担い手であるベンチャー企業こそ、フェアユースに代表される柔軟な権利制限規定を必要としているからです。

文化審議会著作権分科会報告書は、こうした問題のある調査の結果をもとに次のような結論を導き出しました（文化庁ホームページより）。

☞ 多くの企業は高い法令遵守意識と訴訟を提起されることに対する抵抗感を有しており、法規範の明確性を重視する声が強い。
☞ 柔軟性のある権利制限規定の導入に関し、割合は小さいものの、訴訟リスクを採ることに積極的な企業等については、「公正な利用」の促進効果が一定程度期待できるということが言えるが、大半の企業や団体については、高い法令遵守意識や訴訟を回避する姿勢から、柔軟性の度合いが非常に高いものに対してはそれほど大きな効果を認めていないものと評価できる。

一言でいうと、訴訟などのやっかいごとに巻き込まれないためにもフェアユースのような柔軟な規定より、誰でも"違法か適法か"を簡単に判断できる法令を作るべきと多くの企業・団体は主張していると結論づけたのです。

　この文化審議会著作権分科会報告書にもとづいて、文化庁が改正法案を策定したわけですから、柔軟性の観点から見ると、改正法には本章で紹介するような様々な限界があることは避けられないと言えましょう。

Q.49 諸外国より遅れている遠隔教育の推進は改善される?

A.

現在よりは改善される。補償金を支払えば許諾は不要になったことで一歩前進したが、諸外国に比べるとまだまだ遅れている。

Point.

◇ 今回の改正で、公衆送信が広く権利制限規定の対象になったが、諸外国に比べるとまだまだ遅れている。
◇ ミネルバ大学など海外の大学は最先端のＩＣＴを活用した教育をすることで、日本含め全世界から優秀な学生を集めている。

第 7 章　どのように改正された？　平成 30 年改正著作権法

―解説―

図表 10（Q.37 の図表 8 を簡略化しました）で、遠隔教育（ＩＣＴ活用教育）における権利制限規定を国際比較しました。

図表 10　各国のＩＣＴ活用教育における「公衆送信」に関する権利制限規定の対象となる行為の比較

	日本	英国	米国	オーストラリア	韓国	フランス	ドイツ
授業における講義映像・音声、教材等の送信	△	○	○	○	○	○	○
授業外における講義映像・音声、教材等の送信	×	△	×	◇	×	◇	◇
他への情報共有のための教材等の送信	×	△	◇	◇	◇	◇	◇

○：著作物の公衆送信が権利制限の対象となる
△：一定の場合において著作物の公衆送信が権利制限の対象となる
◇：条文の解釈により著作物の公衆送信が権利制限の対象となる
×：著作物の公衆送信が権利制限の対象とならない

出所：平成 26 年度文化庁委託事業「情報化の進展に対応した著作権法制の検討のための調査研究事業」『ICT 活用教育など情報化に対応した著作物等の利用に関する調査研究報告書』2015 年 3 月（文化庁ホームページより）。

　一番上の「授業における講義映像・音声、教材等の送信」は各国とも認められていますが、日本は一定の場合、つまり、「当該授業が行われる場所以外の場所において当該授業を同時に受ける者に対して送信する場合のみ可」で、具体的にはサブ教室などでメイン教室と同時に授業を受ける場合のみ認められているにすぎません。
　これを諸外国並みに可能にしたのが、今回の改正です。具体的には、公衆送信を広く権利制限の対象とし、複製（コピー）等すでに権利制限の対象となっている範囲は無償＆許諾不要の制度

を維持しつつも、今回新たに権利制限を行う公衆送信の範囲（対面授業の予習・復習用の資料をメールで送信、オンデマンド授業で講義映像や資料を送信、スタジオ型のリアルタイム配信授業など）に関しては補償金を支払えば著作権者の許諾がなくても使用できるようになりました（図表11参照）。

しかし、図表10の真ん中の「授業外における講義映像・音声、教材等の送信」、一番下の「他への情報共有のための教材等の送信」は認められないままで、後者については日本だけが認められていません。ＩＣＴ活用教育で世界に遅れをとっている現状に変わりはありません。

図表11　今回の改正による学校等の授業の過程における著作物の利用の取扱いの変化

	改正前	改正後
複製	○（無許諾・無償）	○（無許諾・無償） ※改正なし
遠隔合同授業（サブ教室などでメイン教室と同時に授業を受ける）のための公衆送信	○（無許諾・無償）	○（無許諾・無償） ※改正なし
その他の公衆送信（対面授業の予習・復習用の資料をメールで送信、オンデマンド授業で講義映像や資料を送信、スタジオ型のリアルタイム配信授業など）	× （著作物の利用ごとに許諾の申請と使用料の支払いが必要）	○ （補償金を支払えば許諾なしでも利用可能）

注：○ 権利制限あり、× 権利制限なし

出所：文化庁ホームページ資料をもとに筆者作成

ＩＣＴ活用教育後進国状況がもたらす懸念を、実例を挙げてご説明しましょう。ミネルバ大学をご存知でしょうか？　2014年に開校した世界最難関とされている大学で、ハーバード大学やケンブリッジ大学などの名門大学を辞退して入学する学生もいるほどです。全寮制の大学で、キャンパスを持たず、1年次は本部の

あるサンフランシスコで学びますが、2年次以降、半年ごとにロンドン（イギリス）、ベルリン（ドイツ）、ハイデラバード（インド）、ソウル（韓国）、台北（台湾）、ブエノスアイレス（アルゼンチン）で授業を受けつつ、企業でインターン生として働きます。キャンパスを持たず、授業もすべてＩＣＴを活用したオンライン制なので、学費は有名私立大の3分の1から4分の1。全世界から優秀な学生が応募するため、合格率は2％未満です。

　日本の大学は言葉の問題もあって、ミネルバ大学のように全世界から優秀な学生を集めることは難しいかもしれません。しかし、今のままだと日本の優秀な学生が海外の大学に行ってしまいます。

　開成高校の生徒で海外の大学に合格した生徒数は2017年には22人に達しました。2017年9月発表の「THE 世界大学ランキング2018」で、東大は過去最低の46位にランクされるなど、日本の大学の評価が低下傾向にあることも海外志向に拍車をかけているようです。

　オンライン教育も活用して、費用対効果の面で海外の大学にひけをとらないような教育を提供できなければ、頭脳流出は避けられません。著作権法が経済面だけでなく、教育面でも国の発展を妨げないよう、今回の改正に続く二の矢、三の矢の改正が待たれます。

Q.50 改正法に自民党が提言した「イノベーションの創出」は反映された？

A.

十分に反映されていない。そのため、議員からの「文化庁案では不十分」という反対の声も多かった。

Point.

◇ 自民党の山本一太議員、三宅伸吾議員、阿達雅志議員などがイノベーションを促進する法としては極めて不十分だと指摘している。

◇ 特に三宅伸吾議員は今回の改正法では「我が国経済の地盤沈下は止まりません。」と強く訴えている。

第 7 章　どのように改正された？　平成 30 年改正著作権法

―解説―

　政府立法は閣議決定を経て、国会に提案されますが、閣議決定の前には自民党の了承を得る必要があります。今回の改正は自民党内でも議論を呼びました。自民党文部科学部会長の赤池まさあき参議院議員はブログ「著作権法改正　技術革新のための柔軟な規定へ」で、党内で 3 回にわたった会議で議論の末、了承されたとしています（同議員のホームページより）。

　議論となった理由は、自民党の山本一太参議院議員がブログ「文化庁の著作権法改正案の内容に異議あり!!～前進どころか後退した『柔軟な権利制限』の規定（怒）」で指摘しているとおり文化庁案が自民党の提言をまったく反映してないためです（同議員のホームページより）。

　自民党内での議論については、三宅伸吾参議院議員が「三宅伸吾『国政報告⑨』2018 年 3 月 25 日」で詳しく報告。その概要を以下に紹介しますが、「城所岩生『改正著作権法は AI・IoT 時代に対応できるのか？　―米国の新技術関連フェアユース判決を題材として―』」でもより詳しく紹介しています（GLOCOM ホームページ参照）。

☞ 2018 年 2 月 2 日、党の知財戦略調査会・文部科学部会で著作権法改正案を審議しました。私はイノベーションを促進する法案としては極めて不十分だと指摘、修正すべきだと述べました。山本一太、阿達雅志・両議員らも法案への異論を強く訴え、再度、審議することになりました。

　（途中略）

　私はフェアユース規定を我が国の著作権法にも導入するべきだと、かねて確信しており、実現に向け、当選以来、取り組んでいる。

　政府は 2018 年通常国会で著作権法改正案の国会提出を予定してい

るが、その法律案は時代錯誤と断ぜざるを得ない。この後の脚注で三宅議員は時代錯誤の実例を紹介します。

☞ 例えば、限定列挙方式で追記するという権利制限規定の一つにはこんな条文案がある。
「情報処理により、新たな知見・情報を創出し、及びその結果を提供する行為であって、国民生活の利便性向上に寄与するものとして政令で定めるもの」（筆者注：新47条の5, 1項3号の条文、Q.45参照）。妥当な条文としては、「（前略）国民生活の利便性の向上に寄与するもの」だけで十分であり、「政令で定めるもの」は不要である。政府の条文案によれば、政令に盛り込まれるまでは、国民生活に寄与する付加価値あるサービスであっても権利制限の対象とならず、無断複製は違法（＝技術革新をいかしたワクワクする新サービスは法令違反）となる。

三宅議員は以下のように続けます。
☞わが国の経済界のなかでも、フェアユース規定の必要性への認識が広がってきたほか、党内でも同志が増えてきた。

政府側が、権利者団体の代表者ばかりでほぼ構成された審議会で調整がついた範囲でしか、著作権ルールを見直せないのであれば、国益にかなう方向に原案を修正するのがロー・メーカーの責務である。憲法は「財産権は、これを侵してはならない」と規定する一方で、「財産権の内容は、公共の福祉に適合するやうに、法律でこれを定める」とする。著作権も財産権の一つである。

経済ルールは所与のものではない。社会に貢献しようという企業人や法律家は、政治へのロビイング活動を通じ、歴史に耐える法改正を促すべきだろう。また先に説明したように、ときには「正面突破戦略」などを通じ、自ら創り出すものだ。フェアユース規定の導入は「ルールを創る」という発想を日本社会に根付かせることの起爆剤となる。

どうして、いつも後追い、小出し、周回遅れの法整備になるのか、

第7章 どのように改正された？ 平成30年改正著作権法

このままでは日本は沈むばかりだ--------。

　車の自動走行、AI（人工知能）、ネット関連のコンテンツ産業分野などで世界の最先端の状況を目の当たりにしている企業人から、こうした声を何度、聞いたことだろうか。そろそろ終わりにしなければならない。

　　　（途中略）

　2018年2月16日、自民党の文部科学部会・知的財産戦略調査会などの合同会議で著作権法見直しへの条文案を再審査しました。条文案を読んでいないと思われる方を含む多くの議員が改正案に賛成の意見表明。私はイノベーションを機動的に取り込む姿勢が同案には極めて不十分であり、改めて断固反対との意見を述べました。
「鉛のプールの中を歩いていたようでした。しかし、焦らず、怯まず、諦めず。この心境は変わりません」--------。長年、産業政策分野でご指導をいただいている有識者がかって、ふと漏らした言葉です。上記の政策はスピード感をもって実現しなければ、我が国経済の地盤沈下は止まりません。必ず実現させます。

　阿達雅志参議院議員も2018年5月、改正法成立時にフェイスブックに以下のように投稿しました。

☞ 自民党知財戦略調査会コンテンツ小委員会で事務局長として関わってきた著作権法改正案が成立しました。この内容では知財の活用、イノベーションが十分進まないということで大幅修正を求めましたが、一歩でも早く前進させるべきということで自民党内の議論で文化庁原案通りで決まったものです。その後の文化庁との議論、国会質疑で半歩前進程度にはなりました。

「その後の文化庁との議論、国会質疑で半歩前進程度にはなった」としているように、国会質疑での答弁や附帯決議（政府が法

律を執行するにあたっての留意事項。法的効力はないが政府はこれを尊重することを求められ無視することはできない）を引き出しました。附帯決議では衆参両院とも「著作権制度の適切な見直しを進めること」を決議しています。

このように自民党は対症療法的対応に追われる文化庁よりは、イノベーションに前向きです。附帯決議で定めた「著作権制度の適切な見直し」が、政府立法では進まないようであれば、議員立法による見直しに期待がかかります。

三宅議員が必ず実現させるとしているフェアユースが、我が国経済の地盤沈下を止めるための切り札になることは、以下の事実からもうかがわれます。
① フェアユース発祥の地、アメリカではフェアユース産業が経済を牽引しています（Q.31参照）。
② 今世紀に入ってフェアユースを導入する国が急増していますが、図表12のとおり、導入国はいずれも日本より高い経済成長率を誇っています。

図表12 フェアユース導入国のGDP成長率

導入年	国名	GDP成長率（2017年）
1976年	米国	2.27%
1992年	台湾	2.79%
1997年	フィリピン	6.67%
2003年	スリランカ	3.11%
2004年	シンガポール	3.62%
2007年	イスラエル	3.32%
2011年	韓国	3.09%
2012年	マレーシア	5.90%
未導入	日本	1.71%

出所：世界経済のネタ帳ほか

Q.51 自民党が提言した「消費者利益への配慮」は反映された？

A.

反映されてない。諸外国では合法化されつつあるパロディも合法化されなかった。これも今回の改正で積み残された大きな課題。

Point.

◇ 原作品の表現を享受するパロディは改正法でも違法のまま。
◇ 近年は、経済活性化のためパロディを合法化させる諸外国が着実に増えつつある。

―解説―

自民党政務調査会が2017年5月に発表した「知財立国に向けての知的財産戦略に関する提言」は、柔軟な権利制限規定の導入とともに以下のような提言もしています。

「著作物の利用が個々の消費者まで広がっていることに鑑み、『消費者利益への配慮』という視点を明確にする。」(自民党ホームページより、Q.38参照)。

神戸大学大学院法学研究科の島並良教授は、「コピライト」2013年10月号に掲載された講演録「著作権法と消費者法の交錯」で、「元来は自由であった消費者による著作物の利用が、インターネットの普及・発展により制約を受ける例が最近増えてきている」と指摘します。その例として、音楽教室とJASRACの訴訟でも争点となっている公衆性(公衆とは誰を指すのか)の要件をあげます(Q.14参照)。確かに受講生がたった一人でも「公衆」とみなすような裁判所の解釈は、消費者利益に配慮しているとはいえません。

著作権法自体に消費者利益への配慮が欠けている代表例としては、パロディがあげられます。改正法でもパロディは違法のままです。Q.46の図表9は今回の改正法を米国のフェアユースと対比しています。米国のフェアユースは左の欄の「著作権の権利制限が正当化される主な視点」すべてで総合考慮が認められています。対して、一番右の欄で日本の改正法では、②の「利用行為の性質・態様」の視点では「著作物の表現を享受しない利用」にかぎられています。原作品を風刺するパロディの性質上、原作品の表現を享受することは避けられないため、改正法でもパロディは違法のままです。今回の改正で積み残された最大の課題といえます。

パロディを合法化する方法としては、フェアユースのような

権利制限の一般規定があれば、その解釈によって認めることが可能ですが、ない場合は個別の権利制限規定を設ける必要があります（Q.25参照）。図表13のとおり、個別の権利制限規定を設けて合法化する国は着実に増えつつあります。最近、合法化したイギリスでは、知的財産庁がYouTubeにアップされたパロディ・ビデオを分析、パロディ動画がミュージック・ビデオの売上アップに貢献しているという調査報告書をまとめました。報告書の商用パロディを認めて経済を成長させるべきだとの結論を受けて、2014年に著作権法を改正してパロディを合法化しました（Q.26参照）。

図表13 諸外国におけるパロディ合法化の動き

導入年	国
1957年	フランス
1987年	スペイン
1992年	スイス
1994年	ベルギー
1998年	ブラジル
2006年	オーストラリア
2012年	カナダ
2014年	イギリス
2014年	香港

クールジャパン戦略にもかかわらず、日本の著作権貿易収支は赤字を拡大し続けています（Q.28参照）。消費者利益を増大することにより、赤字拡大傾向に歯止めをかけ、経済を活性化させる効果のあるパロディを一刻も早く合法化すべきです。

Q.52 なぜ今回も不十分な改正に終わったの？

A.

米IT企業が先行しているサービスを追認するだけの改正に終わっているから。

Point.

◇ 個別の権利制限規定を採用している日本では、後追いの対症療法的対応に終わらざるを得ず、現時点で把握されていないニーズには対応できないため。

◇ 他の法律との整合性をチェックする内閣法制局の審査が厳しいことも、柔軟性がある権利制限規定の導入を阻んでいる。

第 7 章　どのように改正された？　平成 30 年改正著作権法

—解説—

　改正法で新設される柔軟な権利制限規定によって可能になるサービスのほとんどは、米国ではかなり以前から合法化されています（図表 14 参照）。利用目的が公正（フェア）であれば、著作者の許可がなくても著作物を利用できるフェアユース規定のような包括的権利制限規定を持つアメリカと個別権利制限規定を設けて合法化されないとサービスを開始できない日本を比較すると、合法化時点で平均して 10 年近く、サービス開始時点では平均 20 年以上の差がついたことになります。

　ここで注目すべきは、個別規定方式では権利制限規定が設けられて合法化されるまではサービスが提供できないのに対して、一般規定方式ではフェアユースが認められると判断すれば、見切り発車でサービスを開始できる点です。権利者から訴えられて、フェアユースの抗弁が認められないリスクを取ることになりますが、フェアユースの主張が認められれば、勝者総取り（Winners Take All）のネットビジネスの世界、先行者リターンも大きいです。このため、図表 14 のとおり、先行企業はフェアユース判決が確定する約 10 年前にはサービスを開始しています。

図表 14　新技術・新サービス関連サービス合法化の日米比較

サービス名	米国での サービス開始	米国での フェアユース判決	日本での合法化（施行年）＝サービス可能化
画像検索サービス	1990 年代＊	2003 年	2010 年
文書検索サービス	1990 年	2006 年	2010 年
論文剽窃検証サービス	1998 年	2009 年	2019 年
書籍検索サービス	2004 年	2013 年	2019 年
（参考）リバース・エンジニアリング	1970 年代＊	1992 年	2019 年

＊裁判例から推定

個別権利制限規定方式では後追いの対症療法的対応に終わらざるを得ない理由の一つに法改正の手法の問題があります。「知的財産推進計画2016」の提案を受けて、「柔軟性のある権利制限規定」について検討した文化庁は、広く国民から著作物利用の現在・将来のニーズを募集（企業等、個人から112件のニーズ提出）した結果などをもとに2017年4月に報告書をまとめました。しかし、こうした対症療法的ニーズ積み上げ方式では、現時点で把握されていないニーズには対応できず、急速に進展するデジタル化・ネットワーク化に追いつけないことはこの10年の歴史が証明しています。

　知的財産戦略本部は「知的財産推進計画2008」で「包括的な権利制限規定」の導入、「知的財産推進計画2009」でも「権利制限の一般規定（日本版フェアユース規定）」導入の検討を提案しました。フェアユースは公正な利用であれば著作権者の許諾を得ずに著作物の利用を認める米国著作権法の規定です。文化庁はこのときも関係者から収集したニーズ募集にもとづいて検討した結果、実現した2012年の著作権法改正は、従来の改正でも追加されてきた個別の権利制限規定と変わらない四つの条文を盛り込むだけの尻すぼみな改正に終わってしまいました。

　このため、5年を経ずして再検討する必要が生じ、知的財産推進計画2016で柔軟性のある権利制限規定の検討が提案されました。それから2年かけて実現した今回の改正は、三つの柔軟性のある権利制限規定が盛り込まれた点で前進といえます。しかし、イノベーションを取り巻く環境変化のスピードは加速する一方です。2018年6月15日に閣議決定された「統合イノベーション戦略」は、「世界で破壊的イノベーションが進展し、ゲームの構造が一変、過去の延長線上の政策では世界に勝てず」と指摘します（内閣府ホームページより）。破壊的イノベーションによって現時点で把握されていないニーズが出現する可能性も当然高まります。

そのときに今回の柔軟性のある権利制限規定ではカバーできませんが、アメリカではフェアユースにあたるニーズが生まれる可能性は十分あり（図表13参照）、いち早くサービスを提供した米企業に日本市場まで制圧されてしまう"いつか来た道"を歩む恐れは否定できません。デジタル時代にアナログ的対応を繰り返す政府立法の限界でもあります。

不十分な改正に終わった理由はニーズ積み上げの検討手法以外にもあります。「権利者団体からの反発」です。

著作権の改正については文化審議会著作権分科会というところで話し合われています。このメンバーの半数近くが権利者団体なのです。権利者団体は自分たちの権利を主張する団体ですから、規制を緩和することに関しては基本的に反対です。このようなメンバー構成ではフェアユースのように一定の基準を満たせば許諾なしの利用を認める、柔軟な権利制限規定の導入には反対します。

こうした問題の解決策として、私は拙著『フェアユースは経済を救う ─デジタル覇権戦争に負けない著作権法─』（インプレスＲ＆Ｄ）にて文化審議会著作権分科会の委員を中立委員だけに絞る提案をしています。

2012年に経済産業省が立ち上げた電力システム改革専門委員会の委員を務めた八田達夫アジア成長研究所長は、審議会メンバー見直しの成功例として、電力システム改革専門委員会の例を紹介しています（2015年11月6日付、日本経済新聞「経済教室」欄）。

以前の電気事業審議会では、各電力会社の経営者や労働組合など利害関係者が委員に入っていたため、欧米では1980年代から進められてきた発送電分離が実現しませんでした。原発事故という大惨事が追い風になったとはいえ、電力システム改革専門委員会では利害関係者の意見をききながら、中立委員のみが議論する仕組みを採ったことで発送電分離が実現しました。

「この委員会の成功が今後の審議会のあり方に大きな示唆を与えている」との八田氏の指摘を参考に、利害関係者が委員の多数を占める現在の著作権分科会では著作権法改革が難しいようであれば、委員を中立委員だけに絞る提案をしました。

不十分な改正に終わった理由はまだあります。他の法律との整合性をチェックする内閣法制局の果たした役割です。政府が原案を作成し、閣議決定を経て国会に提案される法律は内閣立法、略して閣法とよばれますが、ここでは議員が提案する議員立法と対比する意味で政府立法とよびます。

議員立法は衆議院か参議院の法制局が審査しますが、政府立法を審査する内閣法制局の審査は議員法制局より厳しいとされています。

実は今回の改正で実現した三つの柔軟な権利制限規定のうちで、最も適用範囲が広い新30条4は、知的財産推進計画2008・2009での提案を受けて、文化審議会著作権分科会が日本版フェアユース規定の導入を検討した際、著作権分科会が2011年にまとめた報告書には盛り込まれていました。

ところが、内閣法制局の厳しい審査を通らず、実現した2012年の著作権法改正は、従来の改正でも追加されてきた個別の権利制限規定と変わらない四つの条文を盛り込むだけの改正に終わってしまいました。著作権法の権威である中山信弘東大名誉教授に「日本版フェアユースのなれの果て」と酷評される改正でした。

刑法には、刑罰法規の内容は具体的かつ明確に規定されなければならないという「明確性の原則」があります。著作権侵害には刑事罰が科されるため、内閣法制局はこの明確性の原則を厳格に解釈したわけです。

確かに個別の権利制限規定のほうが明確であることは疑いありません。しかし、法改正はどうしても時間がかかって後追いに

なってしまうため、フェアユースのように変化に柔軟に対応できる包括的な権利制限規定の導入が検討されたわけです。明確性の原則に固執するあまり、そうした改正が骨抜きにされてしまうのでは時代の変化に置いていかれるばかりです。

　ではなぜ、今回の改正は内閣法制局の審査をパスできたのでしょうか？　内閣法制局の担当が当時と替わったことも、その理由にあげられています。

　喜連川優国立情報学研究所長・東大教授が指摘するように、「ゆっくりと、きっちりすることはやろうと思えば、誰でもできるので、スピードが肝」（Q.46参照）という時代に、法改正に10年近くを費やしていては、「世界の市場の速い動きの中で」置いていかれるばかりです。

　イノベーションの創出など科学技術の将来、さらには国の経済成長を左右するような法改正が、内閣法制局の担当者の好みで決められてしまってよいのでしょうか？

　議員立法による改正に期待がかかる理由がここにもあります。議員立法を審査する議員法制局のチェックは、内閣法制局ほど厳しくないとされているからです。

Q.53 TPP締結が著作権法にも影響を及ぼした?

A.

TPP関連法での影響で、三島由紀夫や川端康成など文豪の青空文庫化が20年も延長される。

Point.

◇ 三島由紀夫、志賀直哉、川端康成などが2022年までに没後50年を迎える。こうした文豪の著作権切れ作品を集めた「青空文庫」を読めるようになるのは、もう20年先になった。

◇ 過去に文化庁で同様の検討があったが、その際には多くの反対があって見送られた。しかし今回、TPPを主導した米国の要望で協定に盛り込まれた。

第 7 章　どのように改正された？　平成 30 年改正著作権法

―解説―

　改正法は 2019 年 1 月 1 日から施行されますが、その 2 日前の 2018 年 12 月 30 日から施行される著作権関連法があります。それが「環太平洋パートナーシップ協定（TPP）締結に伴う関係法律の整備に関する法律」で、著作権法についても重要な改正が含まれています。

　中でも最大の改正が、著作権保護期間の延長です。2016 年に 12 カ国で署名した「TPP12」に加わっていた米国の要望により、著作者の死後 50 年間から 70 年間となりました。

　三島由紀夫は 2020 年に、志賀直哉は 2021 年に、川端康成は 2022 年に没後 50 年を迎えます。『金閣寺（三島由紀夫）』『暗夜行路（志賀直哉）』『伊豆の踊子（川端康成）』など数々の名作を残した文豪たちの作品が「青空文庫（著作権切れの作品を集めた電子図書館）」で読めるようになるのに、さらに 20 年待たなくてはならなくなったのです。

　また外国の著者の保護期間も 20 年延びるので、古い作品が多い欧米への支払いが増え、著作権貿易収支の赤字がさらに拡大することも予想されます（Q.28 図表 5 参照）。

　保護期間延長以外の改正では Q.24 で解説した著作権侵害罪の非親告罪化があります。これまで著作権者（被害者）しか訴えられなかったのを、著作権者の親告がなくても検察が起訴できるようにしました。

　これも米国の要望によるもので、TPP12 交渉中の 2011 年に米国の要求項目がリークされたときには「日本のアニメ・マンガ文化が崩壊する」とネット上で大騒ぎになりました。著作権者がお目こぼししていても検察が起訴するおそれが出てきたからですが、その後の交渉で二次創作は対象外とすることで決着がつきました。

　以下、改正の概要を文化庁のホームページより私なりに要約し

ます。

「①著作権者の利益を害する目的で、②原作のまま著作物を利用し、③著作権者の利益を不当に害する」場合は非親告罪とされました。これにより、例えばコミックマーケットにおける同人誌などの二次創作活動については、非親告罪になりませんが、販売中のマンガや小説の海賊版を販売する行為や映画の海賊版をネット配信する行為については、非親告罪となります。

　最悪の結果は免れたので、この点は日本の交渉団の努力の結果だと評価できます。

第 8 章

改正法でどうなる？
JASRAC vs 音楽教室
訴訟の行方

Q.54 JASRACは訴訟継続中にもかかわらず使用料を徴収し始めたって、本当？

A.

本当。2018年4月から徴収を開始したが、応じた教室は全体の1％に満たない。

Point.

◇ JASRACは文化庁長官が徴収を認める裁定を出した途端に、約850の事業者（約7300教室）に契約案内を送付した。

◇ しかし、実際に契約に応じたのは事業者全体の2.5％、教室数全体の0.5％だけだった。

第8章 改正法でどうなる？ JASRAC vs 音楽教室訴訟の行方

―解説―

2017年2月、JASRACは2018年1月より音楽教室から使用料を徴収すると発表しました。

この方針に反対する音楽教室事業者は音楽教育を守る会を結成し、6月にはJASRACに対し、使用料を徴収する権利がないことを確認する訴訟を東京地裁に提起した。また、この訴訟とは別に行政手続きとして、音楽教育を守る会は2017年12月、文化庁長官に対して、判決が確定するまでJASRACに徴収させないよう求める長官裁定を申請しました。申請を受けた文化庁は2018年3月、徴収を認めると同時に徴収に反対している事業者については判決が出るまで督促(とくそく)をしないよう求める長官裁定を出しました。

JASRACは約850事業者（約7300教室）に契約案内を送付。4月から契約を締結した教室からの徴収を開始しました。しかし7月の時点で、契約に応じたのは3カ月間で21事業者（36教室）にとどまると発表。事業者数では全体の2.5％ですが、教室の数では0.5％にすぎません。ちなみにその理由として、音楽教育を守る会に加盟しているのは375社。加盟しているような大手の事業者の傘下にある音楽教室は契約していないことが挙げられます。

徴収方針に対して100万人が異議を唱え（Q12,Q13参照）、事業者全体の2.5％、教室全体では0.5％しか徴収に応じないにもかかわらず、判決も待たずに徴収を開始するのは如何なものでしょうか？

私としては、ここから見えてくるのは、裁判中であるにもかかわらず徴収方針を貫こうとするJASRACの強硬路線が、市井の人の感覚とは明らかにズレているという事実です。

図表15　JASRAC vs 音楽教室訴訟の経緯

17年2月	JASRACが2018年1月より音楽教室から使用料を徴収すると発表。
2月	音楽教室事業者はJASRACの方針に反対するため「音楽教育を守る会」を結成。
6月	音楽教育を守る会がJASRACに対し、使用料を徴収する権利がないことを確認する訴訟を東京地裁に提起。
7月	音楽教育を守る会が使用料徴収に反対する56万人の署名を集め文化庁長官に提出（8月に約1万人分を追加提出）。
9月	第1回口頭弁論。
12月	音楽教育を守る会が文化庁長官裁定を申請。判決確定までJASRACに徴収させないよう求める。
18年3月	文化庁長官が徴収を認める裁定。ただし、徴収に反対している事業者については判決が出るまで督促をしないよう求める。JASRACは約850事業者（約7300教室）に契約案内を送付。
4月	JASRACが契約に応じた教室から使用料徴収開始。
7月	JASRACが3月に契約案内を送付した約850事業者（約7300教室）のうち、契約に応じたのは3カ月間で21事業者（36教室）にとどまると発表。

Q.55
今回の改正は、音楽教育を守る会とJASRACの訴訟に影響する?

A.

影響する。音楽教室での利用が「著作物に表現された思想又は感情の享受を目的としない利用」にあたる可能性が出てきた。

Point.

◇ 新30条の4の権利制限規定では「著作物に表現された思想又は感情を自ら享受し又は他人に享受させることを目的としない場合」許諾なしに著作物を利用できる可能性がある。

◇ ただし、"享受を目的とする"という言葉があいまいなため、具体的にどのようなケースを指すかは今後の司法判断による。

―解説―

改正法に盛り込まれた柔軟な権利制限規定は三つあります（Q.45参照）。そのうち、今回の訴訟に関係しそうなのが、第30条の4の「著作物に表現された思想又は感情の享受を目的としない利用」です。条文は長いので、文化庁のホームページに掲載されている条文の骨子を以下に紹介します。

☞ 著作物は、次に掲げる場合その他の当該著作物に表現された思想又は感情を自ら享受し又は他人に享受させることを目的としない場合には、その必要と認められる限度において、いずれの方法によるかを問わず、利用することができる。ただし、著作権者の利益を不当に害する場合はこの限りでない。
① 著作物利用に係る技術開発・実用化の試験
② 情報解析
③ ①②のほか、人の知覚による認識を伴わない利用

音楽教育を守る会は「音楽著作物の価値は人に感動を与えるところにあるが、音楽教室での教師の演奏、生徒の演奏いずれも音楽を通じて聞き手に官能的な感動を与えることを目的とする演奏ではなく、『聞かせることを目的』とはしていない。」と主張します（Q.14参照）。これが、「思想又は感情を自ら享受し又は他人に享受させることを目的としない場合」にあたるかどうかが問題です。

国会での審議では、「主たる目的が享受でなければ、享受を伴ったとしても適法か？」との質問に対して、中岡司文化庁次長は「第30の4は、享受の目的がないことを権利制限の要件としているため、主たる目的が享受のほかにあったとしても、同時に享受の目的もあるような場合には同条の適用はない。」と回答しま

第8章 改正法でどうなる？ JASRAC vs 音楽教室訴訟の行方

した。このため、享受目的が少しでもあれば、著作物を利用できないことになります。

では、この"享受目的"とは具体的にどのような事柄を指すのでしょうか？

国会審議でも、この"享受目的"という抽象的な表現に対して議論が交わされました。なかには具体例をあげて、「こういう場合は享受目的といえるのか？」と質問する議員も現れたため、中岡次長は「最終的には司法判断になるが、」と断った上で、回答するケースもありました。

このように裁判所の判断に任される余地が出てきたことは、音楽教育を守る会にとっては朗報です。法令には"法の不遡及"という一般原則があります。これは法令の効力はその法の施行時以前には遡(さかのぼ)って適用されないという原則です。音楽教育を守る会は使用料を徴収する権利がないと主張していますが、JASRACは権利があるとして、契約に応じた教室からはすでに徴収を開始しています。改正法が適用されるのは2019年1月からなので、JASRACの主張どおり徴収する権利があるとなると、音楽教室に支払い義務は発生しているわけです。

ただ、音楽教育を守る会は「著作権法は、形式的にみれば、著作権法上の支分権（著者注：著作権には複製権、上演権・演奏権など複数の細かい権利があり、その一つひとつを支分権といいます。そのため、著作権は支分権の束ともよばれます）に該当しうる著作物の利用行為であっても、実質的に見て、権利を及ぼすべきでない場合として権利制限規定を設けている」と権利制限規定の趣旨を説明。

実例として、現行法のいくつかの権利制限規定とともに新30条の4の条文も紹介します。その上で、「聞かせる目的の演奏」の解釈（Q.14参照）についても、「実質的に権利を及ぼすべき利用であるか、具体的には、著作物に表現された思想又は感情の享

受を目的とする利用態様であるかを考慮する解釈が、著作権法そのものから求められている」と主張します。

こうした解釈が認められれば、音楽教室での利用が「著作物に表現された思想又は感情の享受を目的としない利用」にあたる可能性が浮上します。そうなれば、音楽教室がレッスンのために著作物を利用することは著作権の侵害にはあたらないとみなされるようになるかもしれません。

享受目的とは一体どのような事柄を指す言葉なのか。今後の判例に注目していきたいと思います。

Q.56 JASRACの根拠「客の歌唱を店側の歌唱とみなす」は、今後も通用する?

A.

講師の演奏については通用するが、生徒の演奏にも通用するかは微妙なところ。

Point.

◇ JASRACの浅石理事長は、カラオケ法理を適用して、「生徒の演奏も事業者の演奏と変わらない」と主張している。
◇ しかし、講師料をもらっている講師はともかく、授業料を支払っている生徒まで従業員とみなせるかは、はなはだ疑問。

―解説―

音楽教育を守る会との訴訟について報じた 2017 年 7 月 21 日付の朝日新聞は、以下の浅石道夫 JASRAC 理事長のコメントを紹介しています（Q.15 参照）。

☞「法的な検討は尽くしており、百％の自信がある」。カラオケスナックでの客の歌唱を店側の歌唱とみなすという 1988 年の最高裁判決、いわゆる「カラオケ法理」を勝ち取り、それを適用してカラオケボックスをめぐる裁判などで勝訴を重ねるなど「裁判例を築き上げてきた」

1988 年の最高裁判決は、使用料を払わずに楽曲を利用しているカラオケ店の店主を JASRAC が訴え、最高裁もカラオケ店の店主の著作権侵害を認めたクラブキャッツアイ事件の判決を指します。この判決のキーポイントは「著作権を侵害しているのは客か？ カラオケ店主か？」でした。最高裁はカラオケ店主が、[1] 客の歌唱を管理している、[2] 売上を上げるためにカラオケを許可した、という理由でカラオケ店主に責任があるという判決を下しました。カラオケ店主は客に場所を提供しているだけで、演奏をしているわけではありません。客も、「歌う＝演奏する」とみなすことはできますが、歌うだけでお金を儲けているわけではありません。そのため、非営利の演奏を認めた著作権法第 38 条により著作権侵害にはならないはずですが、カラオケ店主は客の演奏によって売上を上げたため、著作権を侵害したとみなされました（Q.3 参照）。

これが、いわゆる「カラオケ法理」です。利用主体を拡大解釈するため、「利用主体拡張法理」とも呼ばれ、その後、インターネット関連の新サービスにも広く適用されるようになりました。そうしたサービスで著作権を直接侵害しているのは利用者ですが、

この法理を適用して、サービスを提供する事業者に侵害責任を負わせる判決が相次いだのです。このため、日本のＩＴ化を遅らせたと元凶視される判決にもなりました。

いずれも下級審判決でしたが、2009年に最高裁は、ロクラクⅡ事件判決でカラオケ法理を再審理することになりました。テレビ番組の録画・転送サービスをめぐる裁判で、海外に住む日本人が日本のテレビ番組を視聴できるサービスでした。サービス運営会社が親機で番組を受信・録画し、海外のユーザーは指定した番組を子機で視聴するこのサービスに対して、ＮＨＫと民放のテレビ局が著作権侵害でサービス運営会社を訴えました。

問題になったのは複製したのは「誰か？」でした。利用者であれば私的複製にあたり、著作権侵害にはなりませんが、サービス運営会社であれば許諾なしの録画は複製権侵害となります。サービス運営会社側は複製を指示したのは利用者なので私的複製にあたると主張し、知財高裁もこれを認めました。

その結果、インターネット・サービス事業者をはじめＩＴ業界は、利用者ではなく事業者に侵害責任を負わせるカラオケ法理の呪縛から解き放たれる日の到来に期待しました。しかし、最高裁はこれを覆し、サービス運営会社が複製をしたとして著作権侵害を認める判決を下しました（Q.3参照）。

今回の訴訟の話に戻りますと、浅石氏は「講師は教室を運営する事業者の従業員であり、その演奏は事業者の演奏と変わらない」と主張します（2017年7月21日付、朝日新聞）。

一方、生徒の演奏については、生徒の演奏は第38条1項の「営利を目的とせず、かつ、聴衆又は観衆から料金を受けない」場合にあたり、許諾なしに演奏できることになってしまいます。このため、生徒の演奏にもカラオケ法理を適用して、事業者の演奏と変わらないと主張しています。しかし、講師料をもらっている講師は音楽教室の従業員とみなせるかもしれませんが、授業料

を支払っている生徒まで従業員とみなせるかは疑問です。
　以上、まとめると、生徒の演奏にもカラオケ法理が通用するかは微妙で、浅石氏の100％勝訴の自信があるとのコメントも言葉どおりには受け取れません。

第8章 改正法でどうなる? JASRAC vs 音楽教室訴訟の行方

Q.57
JASRACの根拠「一人でも公衆」は、今後も通用する?

A.

裁判所は「一人でも公衆」の理屈を過去に認めたが、判決の妥当性を疑う人も少なくない。

Point.

◇ 「一人でも公衆」の理屈は2004年の社交ダンス教室事件名古屋高裁判決にて下された。

◇ しかし本当に一人でも公衆と呼べるのか。自民党が「消費者利益への配慮」をうたう中、裁判所の判決も変わることが期待されている。

―解説―

　一人の受講生のみを対象にした音楽の再生でも「公衆」にあたるとの判例は、Q.14でも述べた、2004年の社交ダンス教室事件名古屋高裁判決です。

　社交ダンスを教える際に、無断で音楽を演奏していたダンス教室をJASRACが訴えました。ダンス教室は、「受講者に対してのみ演奏するので、公の演奏にあたらない」と主張。名古屋地裁は「誰でも受講生になれるため、公衆に対するものとすべきである。実際の対象者が少数であることは、必ずしも公衆であることを否定するものではない」としてダンス教室の主張を退け、名古屋高裁もこれを支持しました。

　最高裁が公衆の概念について審理する機会が訪れたのは、2009年のまねきＴＶ事件判決です。Q.56でも紹介したロクラクⅡ事件同様、海外に住む日本人が日本のテレビ番組を視聴できるようにするサービスでしたが、まねきＴＶには録画機能はなく、転送する機能だけでした。このためＮＨＫと民放のテレビ局は許諾なしに公衆送信したので、公衆送信権を侵害したと主張しました。

　これに対して、サービス運営会社は会社側に置く親機は「１対１の送信を行う機能しかないので、公衆送信権の侵害にはあたらない」と主張。知財高裁はこれを認めましたが、最高裁がこの判決を覆しました。

　神戸大学大学院法学研究科の島並良教授は、「コピライト」2013年10月号に掲載された講演録「著作権法と消費者法の交錯」で、「元来は自由であった消費者による著作物の利用が、インターネットの普及・発展により制約を受ける例が最近増えてきている」と指摘。その実例として、たとえ受講生がたった一人でも誰でも受講者になれるなら、“公衆”とみなす判決を挙げてい

第 8 章　改正法でどうなる？　JASRAC vs 音楽教室訴訟の行方

ます（Q.40, Q.51 参照）。

そして、この解釈によれば、自分自身にデータを個人的に送信する行為も、サービス事業者を介在させ、そのサービス事業者が誰とでも契約できるような場合には公衆送信になってしまうという問題点を指摘。消費者の利益保護の観点から、こうした緩やかな公衆についての解釈を改める必要性を示します。

弁護士の岡邦俊氏は著書『著作物を楽しむ自由のために―最高裁著作権判例を超えて』（勁草書房）で、こうした判決を下す裁判官たちを「市民としての良識はあったのだろうか」と批判しています（Q.40 参照）。

自民党政務調査会が 2017 年 5 月に発表した「知財立国に向けての知的財産戦略に関する提言」は、「著作物の利用が個々の消費者まで広がっていることに鑑み、『消費者利益への配慮』という視点を明確にする」ことをうたっています（Q.38 参照）。

裁判所にもこうした時代の流れを踏まえた判決を期待したいところです。

おわりに

　欧米で著作権改革論議をリードしているのは学者です。私は第3の人生で学者になって以来、日本で著作権改革の議論が今一つ盛り上がらないのは、学者の怠慢ではないかとの自責の念に駆られてきました。もともと情報通信法が専門だった私が5年の間に著作権法の本を4冊も書くことになったのもこの思いからです。

　欧米に比べると改革の歩みは遅いですが、着実にその方向に向かっていることは確かです。権利者団体のメンバーが半数を占める文化審議会でコンセンサスを得なければならない、政府立法に改革を期待するのは難しいかもしれません。

　しかし、通常国会における内閣提出法案も含めた全体の提出法案に占める、議員提出法律案の割合は着実に上昇し続け、2017年の第193通常国会では過去最高の67.3%と3分の2を占めるまでに至りました。内容もQ.41のとおり、従来、基本法中心だったのが、最近は著作権法のような個別の法律も対象になりつつあります。

　また、自民党はQ.38とQ.51のとおり、文化庁より踏み込んだ改正を提案しています。このように改革が期待できそうな議員立法が増えていることは、著作権改革にとっても朗報です。

　こうした中、JASRACの強硬路線に対して異議を唱えた人が100万人を超えたという事実は、政治家には耳よりな情報です。参議院比例区で1議席獲得できる人数だからです。

　権利者団体の委員が半数を占める審議会のコンセンサスを得なければならない、政府立法に改革を期待するのは難しいことは、今回の改正でも実証されました。文化庁が作成した改正案に対して、自

おわりに

民党内にはイノベーション推進の観点からは極めて不十分であると反対する議員もいて、3回にわたる会議の末、やっと了承されました。

このため、衆参両院で「著作権制度の適切な見直しを進めること」とする附帯決議がつけられましたが、政府立法では見直しが進まないようであれば、議員立法に期待したいところです。

本書の執筆にあたっては、多くの方々に大変お世話になりました。本文で著作などを引用させていただいた諸氏のほか、顧問を務める牧野総合法律事務所の牧野二郎所長・弁護士、客員教授を務める国際大学グローバルコミュニケーションセンターの前川徹所長には貴重なアドバイスをいただきました。

みらいパブリッシングの松崎義行代表取締役、廣田祥吾氏、三村真佑美氏にも出版の話をいただくとともにサポートしていただきました。

以上の諸氏に感謝します。内容についての責任は私にあることはいうまでありません。

最後に日米の法律事務所に勤務した経験を生かして、リーガルリサーチなどを手伝ってくれた妻の晴美にも感謝します。

牧野総合法律事務所の窓から
皇居の緑の向こうに沈む夕日をながめつつ
2018年12月　筆者

城所岩生

国際大学グローバルコミュニケーションセンター（GLOCOM）客員教授
米国弁護士

東京大学法学部卒業後、ニューヨーク大学修士号取得（経営学・法学）。ＮＴＴアメリカ上席副社長、ニューヨーク州・ワシントンＤＣ弁護士、成蹊大学法学部教授を経て、2009年より現職。2016年までは成蹊大学法科大学院非常勤講師も務める。2015年5月～7月、サンタクララ大ロースクール客員研究員。情報通信法に精通した国際IT弁護士として活躍。
おもな著書に『米国通信戦争』（日刊工業新聞社、第12回テレコム社会科学賞奨励賞受賞）、『米国通信改革法解説』（木鐸社）、『著作権法がソーシャルメディアを殺す』（PHP新書）、『フェアユースは経済を救う～デジタル覇権戦争に負けない著作権法』（インプレスＲ＆Ｄ）「JASRACと著作権、これでいいのか～強硬路線に100万人が異議」（ポエムピース）がある。

本書は著者が著作権を保有しています。本書で引用した箇所および翻案に利用した箇所を除き、著者はクリエイティブ・コモンズ・ライセンス【表示・非営利・改変禁止 4.0 国際】（CC BY-NC-ND 4.0）で利用を許諾しています。なお、「翻案に利用した箇所」とは、具体的には下記のとおりです。•本文：「筆者なりの要約」とことわったうえで要約引用した箇所。•図表：「○○をもとに筆者作成」として利用した箇所。https://creativecommons.org/licenses/by-nc-nd/4.0/deed.ja

音楽はどこへ消えたか？
2019改正著作権法で見えたJASRACと音楽教室問題

2018年12月21日初版第1刷

著　者　城所岩生

発行人　松崎義行
発　行　みらいパブリッシング
　　　　〒166-0003 東京都杉並区高円寺南 4-26-5 YSビル3F
　　　　TEL03-5913-8611　FAX03-5913-8011
　　　　編集　廣田祥吾
　　　　編集協力　三村真佑美
　　　　企画協力　Ｊディスカヴァー
　　　　ブックデザイン　堀川さゆり

発　売　星雲社
　　　　〒112-0005 東京都文京区水道 1-3-30
　　　　TEL03-3868-3275　FAX03-3868-6588

印刷・製本　株式会社上野印刷所

落丁・乱丁本は弊社宛にお送りください。送料弊社負担でお取替えいたします。
©Iwao Kidokoro 2018 Printed in Japan
ISBN978-4-434-25463-5 C0032